美国民主的衰落

[美] 菲利普·科特勒（Philip Kotler）著
夏璐 高蕾 译

DEMOCRACY IN DECLINE

REBUILDING ITS FUTURE

中国人民大学出版社
·北京·

译者序

一个营销学大师眼中的政治制度衰败

本书是一本分析美国政治制度现状困境和探索改进出路的著作，其作者是被誉为“现代营销学之父”的美国经济学家菲利普·科特勒（Philip Kotler）。科特勒教授出生于 1931 年，早年就读于德保罗大学，1953 年在芝加哥大学获经济学硕士学位（师从米尔顿·弗里德曼），1956 年在麻省理工学院获经济学博士学位（师从保罗·萨缪尔森），现任美国西北大学凯洛格商学院终身教授。科特勒教授目前已出版了 90 余本著作、发表了 150 多篇优秀论文。其著名的《营销管理》一书不断再版，已成为全球使用范围最广、使用人数最多的市场营销学教科书，也是现代市场营销学的奠基之作，许多海外学者把该书誉为市场营销学的“圣经”。

一位经济学家（具体而言是营销学专家）为何会写一本关于剖析美国政治制度的书？其观点与专业的政治学学者有什么不同？这样的一种反差和对比，或许本身就成为本书的一个重要吸引力。驻足于书橱前的读者往往会翻开译者序，一览作品的总体结果，希望这篇序文能帮助读者更好地了解本书。

首先，作者的风格决定了本书是典型的“问题导向，现实导向”，而非“理论先行，概念先行”，更有助于读者理解作为实践的政治，而非作为理论的政治。科特勒教授是世界知名的政治经济学家，擅长从多学科角度对现实问题进行综合分析，是典型的“非书斋型学者”。科特勒教授早年毕业于麻省理工学院获博士学位，曾在哈佛大学从事博士后研究，后在多所国际知名大学荣获荣誉博士称号并任兼职教授。自科特勒教授进入学术圈后，就不拘泥于研究学院派的理论问题，而是将自己在顶尖学府受到的系统学术训练及时应用于丰富的经济实践。在他看来，不论是经济现象还是政治现象，首先是个实践问题，即在既定制度安排下有效地配置资源，以及在既有的游戏规则下将自己的产品包装得更好、销售得更多；其次才产生各种理论问题，即为何在相似的设计原则之下，有的制度能够良性运转，有的制度却逐渐走向衰败。

本书是科特勒教授于 2016 年完成的一部对美国当前的政治制度，尤其是美式民主进行批判性反思的力作，着重围绕“民主这样一种美好的价值为何在美国的长期实践中变得越来越衰败”这个问题，从制度设计、运行逻辑、领导力量、社会背景、国内外困局、社会期待、选民参与等多个角度对当前的美式民主进行了深入的剖析和客观的评价。本书既有系统的理论回顾，又有丰富的案例分析。作者尤其对政治生活的丰富性越来越被选举和竞选这种单一行为消解掉这个现实十分不满。他认为，即便是作为民主实践重要内容的投票选举，现在也遭到了资本的侵蚀和扭曲；而投票这种程序被扭曲的一个重要原因是对竞选经费缺乏限制。书中举出了经典的“公民联合会诉联邦选举委员会”一案（2010 年），联邦最高法院裁决确立，股东们组成的公司享有与“个人”相同的权利，因此政府不得限制这些群体为支持或批评政治候选人做出的竞选经费开支规模。本书英文版出版适逢 2016 年美国大选，书中关于上述问题的前瞻性观点和预判在美国学界和政界引起了激烈争论，产生了重要的学术价值和社会影响。

其次，本书作者在方法论上的开放性和包容性，使关心同一类问题但却有着不同知识背景的读者能够产生极佳的阅读体验。科特勒教授无疑不是一位马克思主义者，但在进行论证的过程中，不自觉地运用了经济基础决定上层建筑、物质生产决定社会意识这样一种为广大中国读者所熟悉的方法论。这一方面恰好佐证了作者在研究方法上的开放性和包容性，另一方面也为马克思主义社科方法论具有更广泛的应用范围增添了坚实的证据。同时，作者还以制度主义的视角，提出了影响美式民主实践的 14 个因素，分别是：选民文化素养低、投票率低、参与度低，缺乏高素质且有远见的候选人，盲目笃信美国例外主义，公众对政府的反感日益强烈，两党制僵局阻碍了必要的立法进程，金钱在政治中的作用越来越大，格里蝾螈选区划分制赋予现任议员获得长期连任的权力，党团预选会（caucus）和初选制度（primary）使候选人观点日益极化，总统和国会之间内斗持续不断，联邦政府和州政府之间内斗持续不断，最高法院时刻准备着修改国会的立法，通过新的宪法修正案困难重重，制定健全的外交政策困难重重，让政府机关负起责任来困难重重。

以上 14 个因素曾分别在前人的研究中出现过，只不过受单一学科视野限制的学者们在分析这些对民主运转的影响因素时，有时从结构主义（structuralism）视角出发只看结构因素、制度因素而忽略人的因素，有时则从能动者（agency）视角出发只强调人的因素而忽略外在因素，不能将其综合协调起来分析。即便是在能动者视角下，有的学者也只关注政治精英和政党领袖的影响，忽略选民素质，以及民众源于对某些具体政策的反感而延伸出的对整体制度运行的质疑这种趋势。

这样就往往不能揭露制度设计、制度运行、制度绩效、制度反馈的一个复杂全貌，既不利于对其深入了解，也不利于对其深入批判。因此，对于想对这种美式民主进行理论批判和现实批判的学者来说，本书无疑也提供了全景式的“标靶”。

最后，本书作为一项研究美式民主制度的作品，把当前美国政治的各项制度、体制、机制、机构在理论中的应然性和在现实中的实然性，向读者进行了系统性说明。书中还重点讨论了选民投票行为、国会的立法过程、行政分支权力扩张、联邦最高法院的政治性影响、联邦与各州关系、国内外政策制定以及深深影响公民福祉的其他政治性活动。但是作者谨慎地指出，民主既不能涵盖其他制度安排和政治实践，也不能解决一切问题。讲到这里就不能不提及亨廷顿在40多年前的一本类似作品《民主的危机》（*The Crisis of Democracy*）。该书是就西方国家治理能力提交给三边委员会（The Trilateral Commission）的报告，由亨廷顿与法国学者米歇尔·克罗齐（Michel Crozier）、日本学者绵贯让治（Joji Watanuki）三人合作完成。这份报告针对当时西欧、北美和日本等国家的精英和大众对于民主制度的悲观论调，对民主政体面临的外部与内部的挑战做出系统分析，认为导致民主制度危机的主要原因在于民众对政府要求的增长与政府执政能力的不足。在政府简单化宣传的影响下，民众误以为一旦建立民主制度后一切问题就能迎刃而解，于是对后者充满期待；然而夸下海口、做出承诺的政治精英，却又缺乏相应的执政能力，无法满足民众的期待。简言之，科特勒教授认为政治活动一如营销活动，要基于产品（民主制度）的实际质量和功能进行客观营销，夸大其词的营销或许会带来一些短期收益，但从长期看终将败坏产品的名声。

行文至此，话已不少，再多说就有喧宾夺主之嫌，然而还是想对当前的学术翻译工作赘言几句。有人说，人的时间是有限的，花那么多时间做翻译是得不偿失的；笔者对此不太敢苟同。首先，需要明确指出的是，翻译对当前汉语学术界来讲是必需的。毋庸讳言，中国正在日益走近世界舞台中央，其影响力也在日益增强，与之相应的，我们需要努力构建中国特色哲学社会科学的学科体系、学术体系、话语体系乃至知识体系。但是，这种努力不应是闭门造车。文明之间应该相互借鉴，而借鉴的载体和渠道便是翻译。经典作品和学术前沿的译介，对构建中国特色哲学社会科学的学科体系、学术体系、话语体系乃至知识体系是有积极意义的。这便是“得”，是知识界的“得”，当然，作为译者在翻译的过程中也毫无疑问是有所“得”的，但至于这个“得”如何来衡量，那就仁者见仁智者见智了。

其次，负责任地讲，翻译是一个良心活，而且是在对作者原著精准理解基础上的再创作，既需要娴熟的外语表达能力，也需要特定学科在理论沿革和议题方法上的必要储备。有的时候一句话的表述需要思来想去很久才最终落笔，既要考虑翻译的“信、达、雅”原则，又不能消解原著观点的深度和逻辑的脉络。所以这本看上去不厚的书，却经过了前后几年的打磨。因此，翻译不是简单的搬运知识，而是在生产知识。学术翻译理应被认定为重要的研究工作，学术译作也理应被认定为知识生产工作的成果。之前与中国人民大学出版社合作推出的几本译著都获得了学界师友的一些好评，这也在一定程度上成为笔者将这项工作当作自己长期从事的事业的外部动力，希望这一本《美国民主的衰落》不会让读者失望。

夏璐

中国人民大学人文楼

致　谢

我要向下列人士（排名按英文姓氏首字母顺序）表示感谢，他们 *ix*
在本书撰写过程中为作者提供了各种帮助：威廉·科特（William Cotter）审读了本书关于最高法院的章节并提出了修改建议，米尔顿·科特勒（Milton Kotler）的有见地的著作《友邻政府》（*Neighborhood Government*）为本书提供了参考，南希·科特勒（Nancy Kotler）审读了本书全部手稿并对其均衡性提出了建议，拉里·莱斯格（Larry Lessig）的有力著作《失败的理想国》（*Republic，Lost*）也为本书提供了重要参考，诺曼·奥恩斯坦（Norman Ornstein）在其著作《看上去更差》（*It's Even Worse than It Looks*）中的观点给作者带来了新思路，克里斯琴·萨卡尔（Christian Sarkar）发表在"修理资本主义"（www. fixcapitalism. com）和"没落的民主"（www. democracyindecline. com）这两个网站上的作品对本书提供了案例，丹尼·斯特恩（Danny Stern）与我合作共同完成本书。

序　言

现今，民主国家和民主体制面临很大挑战。2015 年的希腊危机险些让希腊政府的“脱欧”政策成为现实，而现如今的欧盟正面临着英国脱欧带来的挑战，以及自第二次世界大战以来最严重的难民危机。（本书英文版出版时间为 2016 年上半年，故英国脱欧还未成为现实，2016 年美国大选正如火如荼进行中，请读者自行注意原著和译著间的时间差。——译者注）在大西洋的彼岸，巴西总统迪尔玛·罗塞夫（Dilma Rousseff）因挪用公款而面临被弹劾的可能，这也使得早已因经济低迷而饱受诟病的巴西政府陷入瘫痪境地。在中美洲，猖獗的贩毒和有组织犯罪带来的威胁甚至会削弱政府体制和治理的根基。而在美国，立法过程越来越陷入僵局和极化的状态，因此公众对政府的信任度跌至历史新低。据皮尤研究中心的一项最新调查数据，全美受访者中只有 19%的人表示他们总是或者在绝大多数时间里都相信政府，而几乎 75%的人则认为绝大多数经选举产生的公职人员都把其自身利益摆在国家利益之前。这些数据在 2016 年大选期间将不可能有很大改 *xiii*

善。随着激烈的选战越来越白热化并短兵相接，共和党正经历着关于其身份认同的严重内斗，而有记录的外部资金也大量涌入以期影响最终的选举结果。

我们应该如何来测量民主的健康程度？很显然，这是个复杂的问题，其回答方式可以说是不一而足，然而，只有通过独立于政治和意识形态之外的缜密分析，才能提供可信的解读。

菲利普·科特勒在他的新著《美国民主的衰落》中，对上述问题的理解提供了一个全新的视角，这在当今这个急需新思想和新观点的时代着实是难能可贵的。科特勒被读者们亲切地誉为“现代营销学之

xiv 父”，他也给营销理论和实践带来了革命性的变化，这一贡献在该领域无人能够望其项背。其编著的《营销管理》(*Marketing Management*)目前已经修订到第15版，这是全球所有商科学生的必读经典。通过把缜密的经济学分析和研究方法引入这个领域，科特勒把营销从以前的一门艺术（如果不是事后诸葛亮那样的话）提升为一门科学，并且把营销转变成企业战略不可或缺的一个支柱。他的核心观点之一是，营销者与消费者之间交换的不是产品，而是价值。这一观点的影响是深远的，当今世界上最成功的企业都把重心放在如何满足消费者需求上，而不是简单地扩大销售额。科特勒的思考并非一成不变，他总是试图与影响消费者行为的文化趋势和技术创新相协调。例如，他在社会营销方面的前沿性思考，一方面使得一些公司以盈利策略来看待并落实企业社会责任，另一方面又让一些非营利组织和公营机构专业人士通过运用企业营销策略来扩大其社会影响力。

最近，科特勒把兴趣点转移到了美国政治经济体系的脆弱性上来。2015年他出版了《对抗资本主义：混乱经济体系的真实出路》(*Confronting Capitalism: Real Solutions for a Troubled Economic System*)

一书，在其中探讨了影响经济增长的关键因素，也探索了共享繁荣的可持续发展之路。如今，随着他的最新作品《美国民主的衰落》问世，他又将试图通过探索一系列极富见地的思考而使美国政治能重新振作。科特勒在西北大学凯洛格商学院已经任教 50 多年，基于这跨越半个世纪之久的教学科研经历，他以一个专业的营销管理专家的视角仔细考察了美国政治风貌后得出结论：民主作为一项梦寐以求的“产品”，已经不再能满足“消费者”（公民）的需要。在对当代美国民主做过一番诊断后，科特勒列出了 14 项环环相扣的挑战，进而给出了解决之道，并且希望以此来激发学术界、政界以及广大公民的热议。而本书也必将对所有关心美国的前景和全球民主发展的人士有所裨益。

丹尼尔·迪麦尔

芝加哥大学哈里斯公共政策学院院长

目　　录

导　论

变化世界中针对民主的挑战

那是最美好的时代，那是最糟糕的时代；那是个睿智的年月，那是个蒙昧的年月；那是信心百倍的时期，那是疑虑重重的时期；那是阳光普照的季节，那是黑暗笼罩的季节；那是充满希望的春天，那是让人绝望的冬天；我们面前无所不有，我们面前一无所有；我们大家都在直升天堂，我们大家都在直下地狱。

——查尔斯·狄更斯（Charles Dickens）

《双城记》（*A Tale of Two Cities*）

3 我们的世界正在以日新月异的速度发生着变化。全球化、科技发展、互联网的崛起和数字化的趋势，都在深深影响着我们每一个人。旧的世界秩序正让位于新的世界秩序，而这种新秩序则一方面充斥着不确定性和不安全感，另一方面也充满了新的机遇和无限可能性。

当前，地球上生活着 70 亿人口，预计到 2050 年这一数值将增长到 90 亿。这其中，有 50 亿人口生活在贫困之中，许多人居无定所，从出生地迁出，希望抵达更安全的栖息地。战争仍在继续，恐怖分子仍在制造爆炸事件，许多政府也在压制公众舆论。到处都在呼唤建立民主体制，然而领导者们却对此不闻不问；他们往往更钟情于维持现存秩序，而非改善民生。

无疑，人民需要领导者，从而避免陷入无政府和混乱状态。然而，与那些极尽所能压制人民群众的政府相比，好政府应该具备哪些要素呢？对现代社会而言，世袭君主制肯定不是最佳答案。如今的主流答案或许是，当候选人有权去竞选、公民也有权去选择的时候，好政府更有机会出现。相比于君主政体和权贵政体，更多的人会选择民主政体。

但是民主政体并非一种简单的政治制度，它所需要的绝不仅仅是组织自由竞选，而是需要有知识有见地的公民在选举日去投票，需要
4 公民可以自由集会以讨论公共议题以及在需要的时候组织和平的抗争，需要有发表言论的平台以及能自由宣传其政纲的政党。美国的建国之父们从大英帝国那里争取来了独立，并努力构建一个“民有、民治、民享”的共和国。托马斯·杰斐逊（Thomas Jefferson）和五人小组负责起草著名的《独立宣言》，写下了传世名句：

> 我们认为下面这些真理是不证自明的：人人生而平等，造物

主赋予他们若干不可剥夺的权利，其中包括生命权、自由权和追求幸福的权利。

过去的240年，在诸如乔治·华盛顿（George Washington）、托马斯·杰斐逊、安德鲁·杰克逊（Andrew Jackson）、亚伯拉罕·林肯（Abraham Lincoln）、西奥多·罗斯福（Theodore Roosevelt）、富兰克林·罗斯福（Franklin Roosevelt）、罗纳德·里根（Ronald Reagon）、威廉·克林顿（William Clinton）、贝拉克·奥巴马（Barack Obama）等诸多伟大总统的领导和影响下，美国的民主政体几经风霜、日臻完善。

众多候选人参与2016年总统大选的角逐，他们也都希望塑造或是重塑美国民主的性质。共和党这边有17位参与竞选，民主党这边有3位。杰布·布什（Jeb Bush）早在2013年就明确表示了参选意愿，其他人紧随其后加入了选战。鉴于大选是在2016年11月举行，这就意味着这些候选人要花3年半的时间来竞选。如此长的竞选周期似乎并不是为了让选民熟知他们的理念和价值观，而是看谁更有耐力。每位候选人都需要在3年半的竞选者周期里花大把大把的时间、金钱、精力去向公众发表演说和筹集竞选经费。

在众多的候选人中，两边阵营中各有一位不被看好的“另类人”突显出来。第一位“另类人”是唐纳德·特朗普（Donald Trump），他博得最多关注，同时也表现得最口无遮拦。他对当前的“政治正确”表现出极大的轻蔑和无视，提出要把所有非法进入美国境内的墨西哥人遣送回国，并在美墨边境修筑一堵高墙以防止更多的非法入境者，而这项工程的费用将由墨西哥政府支付；还提出所有穆斯林将不准入境美国，以及其他一些完全违背美国的信仰和理念的歧视性政策。然而，特朗普这种“厌恶的政治”中的每一个新议题却似乎都在为他赢得更多选票。他吸引了最大多数低收入群体和群情激奋者，这些人感到自己被当前的政客和政党所抛弃和遗忘，因此急需一个新鲜声音来宣泄他们的不满。特朗普的出现是美国政治中稀有且独树一帜的现象，使得本属保守派的共和党人倍感焦虑。

另一位“另类人”是伯尼·桑德斯（Bernie Sanders），74岁高龄的他在其担任联邦参议员的绝大多数时间都持独立的立场，这一次是以民主社会者的身份参与角逐。桑德斯拒绝接受富人们的政治捐款和超级政治行动委员会（Super PACs，也被称为“非营利性募资委员会”）的筹款，只依靠个人的馈赠也筹集到数百万竞选资金，平均每名粉丝向他捐赠27美元。他提出了20项精心设计的竞选政纲，以及估算出了每项政纲的花销，这其中包括他最钟爱的大学教育免费计划、单一付款人医保计划、最低时薪15美元制、提高收入和财产税、减少金钱对政治的影响、应对气候变化、反对种族偏见、维护妇女和性少数群体权益、降低处方药价格以及全面改制华尔街计划。桑德斯的竞选政纲强调，理想的民主政体应该关心所有公民的教育、健康及其他福祉，这使他赢得了广大青年理想主义者和“婴儿潮一代”的大力支持，而后者的支持主要是因为桑德斯使他们回忆起了20世纪60年代他们为争取公民权、同性恋权益、妇女权益而奋斗的光荣时刻。不过桑德斯面临的主要问题是，即便当选总统，他的这些政纲计划在目前已陷入僵局的国会中获得通过的机会也是微乎其微。

广大的低收入阶层和中产阶层都感觉被边缘化和被剥夺了权力，他们对自己的工作、收入以及不断变化的社会价值备感焦虑。有些候选人旋即利用这一机会向低收入阶层释放恐惧和愤怒的信号，引导他们在现存的政客之外关注别的人；另一些候选人则总是贩卖一些并不具备可操作性的纲领和意见。于是，这些精于操控的人通过制造并利用或是现实或是想象中的焦虑而把控着媒体。

不论是谁最终赢得大选，都必须面对一系列令人头疼的全国性问题，如堕胎问题、竞选资金问题、气候和污染问题、消费者保护问题、缉毒禁毒问题、枪支管控问题、医疗保险问题、移民问题、基础设施建设问题、军队国防建设问题、国债问题、减贫问题、退休和社保问题、助学贷款问题以及税收问题等；而国会对这些问题则是无动于衷的。在这些具体问题之上，仍有如下一些更宽泛的影响和威胁，需要我们仔细研究和对待：

● 互联网和社交媒体让这个世界比以往更加紧密地连接在一起。世界各地的人民能有机会接触到更多的信息、更多的专家和更多的榜单，来指导他们选择购买什么、在哪里购买以及应该把选票投给谁。埃及、叙利亚、利比亚等国之所以会爆发大规模民众运动，互联网在其中起到了非常重要的作用。而从另一角度看 6
来，民众也变得越来越部落化，所见和所闻越来越限定在本群体内，越来越少地去关注其他声音。每个人都在各自舒适的信息泡沫中安营扎寨，而对其他观点视而不见。

● 科学和技术的大发展改变着人们有关宇宙本质的观点。我们越来越多地听到关于我们所在这个宇宙（或多元宇宙）的复杂现状，即宇宙不仅有上百亿颗恒星和行星，而且正在加速膨胀。这些都使得我们不断在思考着人类的起源和生命的本质。

● 越来越多的生产型工作由机器人和人工智能程序完成，这不得不让人们思考，我们是否还有足够多的工作来满足日益增长的人口的就业需求。许多美国人对未来十分焦虑，他们把矛头指向了华盛顿、华尔街、少数族裔以及外国人。

- 全球经济增速放缓也越来越受到关注。中国对食物、矿物、其他国家产品的大批量需求，为很多国家的经济增长注入了动力，而这些国家也相应获得了物美价廉的中国产品。但是中国的经济增长正在放缓，同时也面临因前期经济迅速扩张带来的转型改革中的各种问题。大多数国家目前都面临经济疲软、债台高筑、税源不足等问题，从而使得教育和医疗等基础设施建设无以为继。
- 世界财富集中，贫富差距日益扩大。在一些国家，1%的人挣得了或拥有着超过整个国家30%、40%甚至50%的收入或财富。具体到美国，这意味着是集中的财富而不是人民在控制着国会，而国会议员也完全没有任何动力去推动任何体制改革。
- 当前，世界和平仍受威胁。一些极端组织在训练恐怖分子和自杀式炸弹袭击者，以及肆意毁坏人类文明宝库中的瑰宝。

毫无疑问，2016 年大选产生的美国总统面临的问题是无可胜数的。共和党人当选，会把重心放在反恐和外交政策上；民主党人当选，会把更多精力投入国内的就业和经济问题上。不管结果如何，当选者都会把问题简化。人们只能期待当选总统能与其他关心民主和自由的国家结为同盟，他们将共同应对这些上述挑战。这些问题将持续困扰着继任的领导人，但人们真诚希望他们拥有智慧在正确的时刻做出正确的选择。

新当选的美国总统必须考虑一系列严峻的国内问题，而这些问题都影响着民主政体的制度绩效。当前，充分享有信息的公民和有意愿
7 出来投票的公民都严重不足，民意来源后继乏力。国会选区的划分也越来越不公正——格里蝾螈选区划分制(gerrymandering) 大行其道——这

将使得在任的议员获得更加长久的任期。1965 年通过的《投票权法案》(Voting Rights Act) 越来越不被遵守，立法机关要求穷困潦倒的公民以看得见摸得着的证据来自证其公民权和投票权。国会僵局越来越严重，众议院时刻准备以堕胎和枪支管控问题来威胁要切断政府的财源，迫使其关门。最高法院在著名的“公民联合会诉联邦选举委员会”一案中以 5∶4 的投票结果，裁决认定公司也是人民，推翻了为个人竞选捐款设置总额上限的原有法律，事实上认定可以无限制地投入资金支持自己喜欢的候选人。我们的选举成本越来越高，而当选的人则越来越多地把时间和精力花在筹款上而不是审议法律问题上。金钱仍然在影响着我们的政治生活，政客想当选就得花钱，而他们的投票行为也深受金钱影响。任期制也是一个值得思考的问题，法律规定美国总统连选连任不能超过两届，这一条款或许也应该适用于国会两院的议员和最高法院的大法官们。问题众多，凡此种种，不一而足。

笔者的专业是经济学，2015 年曾出版《对抗资本主义：混乱经济体系的真实出路》一书，书中详细列举了影响美国资本主义制度的 14 项不足之处。的确，美国资本主义创造了巨大的经济财富，然而，直到著名的《平价医疗法案》(Affordable Care Act) 在 2010 年落地实施以前，有 4 500 万美国人完全没有任何医保。当前，有 15%的美国人生活在赤贫状态，许多劳动者的时薪只有 7.45 美元，不得不依靠食物券获得食品来勉强度日。绝大多数美国工薪阶层的真实薪资水平比 1970 年时同等金额收入的购买力低很多。绝大多数大学毕业生仍背负着巨额的学生贷款，严重限制了他们的购买力，也影响了他们组建家庭的计划。除此之外，更不必提日益破败的基础设施、仍在扩大的巨额联邦债务、占领华尔街运动等其他问题。很多人确实为这些问题而忧心忡忡，但是他们却也相信，解决之道总能被找到。

在《美国民主的衰落》这本书中，笔者将考察民主政体到底给选民带来了哪些好处。作为专业的经济学家和市场营销学者，笔者习惯于在营销前对产品进行评估。如果我们将民主政体视为一种产品，我们首先得问一下产品质量如何，消费者满意度如何，以及销售情况如何，等等。从 2016 年大选过程中公众普遍的愤怒和失望来看，民主政体并未能够完全满足大众的期待。在大选期间，美国普通民众听到和看到很多候选人许下种种不同的诺言，并耗费大量时间和精力在各种媒体平台上不遗余力地推广自己的竞选政纲，以至于这段时间我们几乎听不到其他方面的新闻。肯定有更好的方法来确定合适的候选人，
8 倾听他们的观点和政纲，并最终做出正确的判断。一个产品是不是好用以及它的营销手段是不是管用，笔者一目了然。当前的制度安排在设计上存在一些瑕疵，却是可以更正的；事实上，我们的确可以设计出绩效更好的民主政体。

之前，美国普通民众可以聚在一起讨论与本社区相关的种种问题。佛蒙特州和新罕布什尔州的小城镇，都会组织一年一度的公民大会来决定社区相关事宜。当地居民均踊跃参加，积极投票，在每件事上都按照少数服从多数原则来决定。这才是真正地体现了“我们人民”（We the People）——而不是“我们公司”（We the Corporation）——在管理国家。

现在，美国的国会是每两年进行一次改选。具体而言，参议院议员每两年改选三分之一，众议院议员每两年全部改选。在总统大选中，有资格的选民投票率不足 60%；而有超过 96%的民选官员或议员能够获得连任。政客们的竞选活动需要大量资金的投入，部分政客直接从亿万富翁那里获取捐赠，但是这些钱可不是白拿的。结果，立法工作变得越来越保守，其目的不仅在于保护少数富人的财产，而且在于扩

大这些财富。我们的体制逐渐从民主政体变成了寡头政体（oligarchy）或是富豪政体（plutocracy）。因此，笔者的结论是，民主政体的弱化，会减少当前资本主义生产体系为大多数人带来好处的能力，当前的民主政体正日益变为只给少数富人带来好处的制度。

民主政体的 14 项缺陷

1. 选民文化素养低、投票率低、参与度低；
2. 缺乏高素质且有远见的候选人；
3. 盲目笃信美国例外主义；
4. 公众对政府的反感日益强烈；
5. 两党制僵局阻碍了必要的立法进程；
6. 金钱在政治中的作用越来越大；
7. 格里蝾螈选区划分制赋予现任议员获得长期连任的权力；
8. 党团预选会（caucus）和初选制度（primary）使候选人观点日益极化；
9. 总统和国会之间内斗持续不断；
10. 联邦政府和州政府之间内斗持续不断；
11. 最高法院时刻准备着修改国会的立法；
12. 通过新的宪法修正案困难重重；
13. 制定健全的外交政策困难重重；
14. 让政府机关负起责任来困难重重。

笔者在本书中将逐一考察上述 14 项缺陷及其给美国民主政体带来的挑战。绝大多数美国普通民众并未上过公民通识课，抑或是上过但是早已忘了美国政治体制是如何运作的。因此，本书的目的便是让读者更充分地了解政府在现实中的运作机制。

9 美国政客总是在颂扬美国例外主义。他们大肆宣扬美国拥有最好的经济制度（资本主义制度）和最好的政治制度（民主政体）。美国是当今世界最富的国家之一，因此美国人民看上去似乎是上帝的选民（chosen people）。这些都指向美国宪法的独特性，以及建国初期如本杰明·富兰克林（Benjamin Franklin）、詹姆斯·麦迪逊（James Madison）、托马斯·杰斐逊、约翰·亚当斯（John Adams）及其他国父们的聪明才智。这群颇具天赋的精英奠定了美国宪法和《权利法案》之基，并承诺为美国人民带来更好的“生命权、自由权和追求幸福的权利”。

需要说明的是，美国宪法和《权利法案》的成绩无出其右！普通民众可以自行选择创业，他们所提供的产品和服务的好坏决定了创业的成功或失败。政府不涉足商业活动，完全由普通民众自行经营；他们或是选择单干，或是合伙制，或是组成公司，总之全是私人行为。事实上通行的观点是，政府应该保持在最小规模，只负责提供国防、道路、警务和消防、海港和桥梁、教育和医疗设施以及保证所有这一切的公平。

人民有权决定国家的未来，这一观点是民主政体得以建立的基础。本书的目的就是考察我们如何才能通过改善民主政体的运作机制来克服上述 14 项缺陷，这里面涉及联邦层面的国会、总统、联邦法院等制度，以及两党制、州政府制度和其他政府机构等制度。笔者相信，改革是必需的，而且是可能的。选民登记受限，选区划分不公，以及金钱对竞选活动的干预，会使我们逐渐偏离代议制政府的原则。笔者在写作时，把自己当成是完成论文的经济学博士生或是热心于投票活动的选民。由于深知我们民主制度的复杂性，笔者在试图解开民主难题之网的同时，也希望本书能够对怀有相同疑问的普通民众略有裨益，希望本书的一些观察和结论能够激发大家的热议并能影响决策。

2000 年，科林·克劳奇（Colin Crouch）出版了名为《应对后民主体制》（*Coping with Post-Democracy*）的大作。在该书中，他认为，后民主体制徒有民主的外部装饰品——如言论自由和竞争性选举等——而越来越偏离民主的真正内涵。民众的确投了票，但是现实情况没有任何改观。政治体制也确实面临着严重的问题，但是它本身的发展却无法带来解决问题之道。问题的根源就在于，这个体制根本不再是选民说了算，而是掌握巨额财富的少数人说了算。我们毫无疑问不希望生活在后民主体制中，而本书的目的就是希望能够重回真正的民主政体。

第 1 章

美国或其他地方的民主体制为什么失灵了?

——为什么仅有选举是不够的?

人民不应该惧怕政府，相反，政府应该惧怕人民。

——阿兰·摩尔（Alan Moore）

《V 字仇杀队》（*V for Vendetta*）

13 我们这个时代里的大多数人都希望生活在民主政体里，但现实却是，当今世界 70 亿人口中的大多数仍在遭受一些压制、腐败和独裁的困扰。他们的物质生活条件很差，而且时刻处于一种不安全感中，或是不敢表达，或是不能表达；然而，他们十分渴望经济上的繁荣和政治上的民主。自 2011 年 1 月 25 日开始，埃及国内连续发生大规模反政府抗议活动。更早一些的 2010 年 12 月 10 日，居高不下的失业率、严重的食品通胀、猖獗的贪腐，以及恶劣的居住环境也在突尼斯引发了大规模抗议活动。埃及和突尼斯的事件迅速蔓延至其他阿拉伯国家，导致也门、巴林、约旦、叙利亚和利比亚相继发生抗议活动。

随后在叙利亚爆发的内战致使超过 400 万难民流离失所，他们纷纷离开家园前往欧洲及其他地区，只为寻求一丝丝安宁和生存的机遇。他们渴望获得正常的生活、稳定的工作以及自由的状态。在难民看来，民主是他们心向往之的制度，而欧洲和美国则是他们的首选。

美国人的民主实践始于 1776 年北美 13 个殖民地爆发的反抗英国殖民统治的独立战争。当时的大陆会议想创造一个全新的制度，这就是民主。在制度设计过程中，有些元素直接参考了古希腊时期雅典城
14 邦的直接民主理念和实践，即有投票权的公民在聆听完议员们的讲演后，直接以投票的方式对关乎他们生活质量的提案进行表决。2 000 多年之后的现在，在北美新英格兰地区具有悠久历史的城镇里，市民们仍沿用这种方式，对涉及他们社群生活的各类提议进行投票表决。

1786 年 7 月 4 日，美国的建国之父们起草并通过了《独立宣言》，庄严宣告人拥有造物主赋予的不可被剥夺的“生命权、自由权和追求幸福的权利”。大约一年后，1787 年 5 月 25 日，这群伟大的人再次相聚在费城的宾夕法尼亚州议会大厦（现在的独立宫），准备起草一部美国宪法，以取代当时的《邦联条例》。1787 年 9 月 17 日，起草工作最

终完成，与会者纷纷签名。而整个宪法的通过过程就从那一天开始，一直到1790年5月29日罗得岛州批准宪法条文为止，这一过程用时整整三年。

1791年12月15日，国会以宪法的十条修正案的形式，通过了著名的《权利法案》，从而确立了言论自由、出版自由、结社自由、公正且迅速审判等权利。美国人的这一举措正是受到了1789年7月14日攻陷巴士底狱事件和轰轰烈烈的法国大革命进程的影响，革命后的法国废除了世袭君主制，取而代之的是一种可以带给人们“自由、平等、博爱”的制度。法国大革命曾经深受美国《独立宣言》的影响，而它又反过来影响了美国《权利法案》的制定和通过。

2003年3月19日，美国政府声称萨达姆·侯赛因（Saddam Hussein）拥有大规模杀伤性武器，对爱好和平的国家构成了严重威胁，于是悍然发动了入侵伊拉克的战争。尽管后来发现伊拉克并没有上述大规模杀伤性武器，但美国总统乔治·布什（George W. Bush）在2005年12月12日费城世界事务委员会上发表的演讲中仍在努力为发动伊拉克战争洗白，他说美军的到来可以帮助伊拉克人民建立民主制度，包括法治、言论自由、结社自由、信仰自由和经济自由。回过头来看，美国向一个沙漠国度移植所谓的民主制度，在表面上看是一种一厢情愿的天真，而实际上则掩盖了美国保护其在中东地区石油需求的真实原因。

2013年8月8日，缅甸民众为庆祝“8888民主运动”25周年举行 15
纪念活动。民众运动领袖昂山素季被军政府软禁在家长达20多年，而当她被释放的时候，民众运动的火焰又再次被点燃。2015年11月，昂山素季领导的政党——全国民主联盟（National League for Democracy，NLD）——赢得了议会80%以上的席位。昂山素季已成为缅甸政治发展进程中最重要的人，她也宣布了一系列新政策，试图为缅甸民众带来更好的生活。

为什么笔者要回溯历史上这些重要事件呢？因为它们显示了在当今世界的不同地方，民主的理念和价值的影响力和吸引力。那么，民主对当前世界上每一个国家来说都是正确的选择吗？毫无疑问不是的。并非每个国家都为建立民主政体做好了准备；但是，当一国中有足够多的民众相信自由和选票的理念时，那么该国已经为迎来民主做好了准备。

成为民主政体的标准有哪些？

很多国家都宣称自己是民主政体，但是实际上的数量或许没有那么多。

16

经济学人智库（Economist Intelligence Unit，EIU）开发出 5 大组共 60 个二级指标，对 167 个国家和地区的进行详细分析，进而测量出了民主政体在多元化、公民权利和政治文化上的指数。[1] 基于上述量化指数，经济学人智库将这 167 个国家的政体分为四大类别：充分的民主政体（full democracy）、有瑕疵的民主政体（flawed democracy）、混合政体（hybrid regime）、威权主义政体（authoritarian regime）。其中，只有 24 个国家被划为充分的民主政体，这些国家的人口占全世界人口总数的 12.5%；有瑕疵的民主政体这一类有 52 个国家，其人口占全世界人口总数的 35.5%。这两类加总起来看，全世界有 76 个国家是民主政体。

遗憾的是，世界上很多民主政体运行得并不是很好。例如，拉丁美洲的民主政体不得不苦于应付严重的贫困现象、高企的收入不均以及猖獗的政治腐败。在巴西，由于其政坛上有多达13个政党，故该国的行政分支和立法分支就很多问题都无法达成广泛的一致意见。巴西总统罗塞夫不得不花大量时间构建政治联盟，试图推动一些政策的制定和落实。在经过了旷日持久的扯皮拉筋之后，这位巴西历史上首位女总统组建了一个由39个部委构成的内阁。而在这个过程中筹集政治献金也牵扯出巴西最大的石油企业——巴西国家石油公司——的大型腐败丑闻。因此，当今世界多数民主政体内都需要进行一番对民主的清理工作。[2]

那么民主的内涵究竟是什么呢？

现代通用的“民主”（democracy）一词，源自希腊语中两个单词的合成词，即“人民”（*demo*）和“统治”（*krates*），字面的本义就是“人民的权力”。因此，民主的本质就是一种政治系统，其中的至高权力由人民掌握。具体而言，人民以投票的方式行使其权力，支持或反对某项法律、规则、规定，并以多数人的意见来做出最终决定。可以说，民主理念的种子就是自我治理和多数决。

民主政体的内在要求是“一人一票”的理念。如果某人比其他人的投票机会多，那么这个民主体系就出问题了。例如，在世袭君主政体中，只有君王一人享有投票权，其他人的投票都无关紧要。在贵族政体中，尽管贵族人数远少于平民，但贵族享有的投票权仍比平民多。在财团政体中，富人比普通人享有更多的投票权力。富人用金钱来影响媒体，从而通过媒体影响普通人对某些特定候选人的偏好。科克兄弟（Koch brother）就属于这种大财团，他们宣称将准备几乎9亿美元来保证他们属意的保守派候选人当选；他们还有一整套计划来操控代 17

表他们极端保守观点的州议员、市议员渗透美国的州和市一级的立法机关。另一位著名的大财主谢尔登·阿德尔森（Sheldon Adelson）也从不讳言他将用重金来保证保守派议员当选。

民主政体投票这种程序被扭曲的一个重要原因，乃是对竞选经费缺乏限制。[3]其中较大的一次挫折出现在2010年“公民联合会”（*Citizen United*，全称“公民联合会诉联邦选举委员会”）一案中，联邦最高法院裁决确立，股东们组成的公司享有与“个人”相同的权利，政府不得限制这些群体为支持或批评政治候选人做出的竞选经费开支规模。“国会里相互敌对的阵营、联邦最高法院以及州一级立法机关，共同把竞选经费改革上取得的进步又向后倒退了几十年。”[4]

很明显，当前的民主政体在设计上存在瑕疵。然而，一如温斯顿·丘吉尔（Winston Churchill）那段著名的评论，“民主是最糟糕的政府形式，而所有其他已经屡次试过的形式则更糟”。民主是一种具有道德合法性的政治体制，它最大的善在于它具有“自我更正”的能力，无能的领袖和差劲的政策都可以被取代。

绝大多数民主政体都是代议制民主而非直接民主

在直接民主的制度中，公民会像聚集在新英格兰地区小镇的社群那样，公开讨论涉及的社群公共议题，并以少数服从多数的原则来投票对这些议题做出决定。当地的这类集会通常会由全体公民参加。这在美国独立战争之前的早期殖民地时期和独立以后的一段时间都是比较常见的参与模式。现如今，这一模式在加利福尼亚州被广泛采用，全民公投是加利福尼亚州居民常见的讨论和决定公共议题的方式，议题由公民来提议设置，并由公民投票决定。

但是在地域更广、人口更多、议题也更多的地区，作为权宜之计，乃是由当地公民选出部分民意代表来讨论并投票决定公共事务。这种参与模式就是间接民主，也被称作代议制民主或共和制政体。而事实上，在最原初的意义上，美国与其说是一个民主政体，还不如说是一个共和制政体。公民可能没有那么多时间和能力来研究和决定多如牛毛的公共议题，所以通过选出他们信得过的候选人来为他们研究问题 18
并代表他们投票以决定相关事宜。美国宪法的起草者们对直接选举有一种普遍的担心和恐惧。来自马萨诸塞州的埃尔布里奇·格里（Elbridge Gerry）就曾毫不掩饰地指出："我们经历的邪恶来自过度的民主。"而时任弗吉尼亚州州长的埃德蒙·伦道夫（Edmund Randolph）也说过："人们并不是想要（缺乏）善行和美德，他们易受骗，而且只是一群假装爱国的人。而当我们在追寻邪恶的源头时，人们会发现源头在由民主所带来的混乱和愚钝中。"起草者们深知，间接选举——民众选出代表并委托他们投票议事——乃是克服上述问题的关键。民众也投票，但不涉及具体问题，而只是在竞选公职的候选人中做选择。然而，他们仍保有最终的掌控权，因为他们每隔两年便有一次机会来重新选择他们想要的代表。那些令民众失望的代表会被换掉，代之以更契合他们意向和偏好的人。

这种代议制民主也引出一个有趣的问题，即代表们在投票时如何处理自身的利益。假设现在有一项议案提议今年国防预算增加 10%，某位代表需要考虑站在谁的立场上来对议案进行表决。摆在他（或她）面前的不外乎以下三种可能性：

1. 以他所理解的所在选区的多数意见为表决立场；
2. 以最符合国家利益的立场为表决立场；

3. 以自己所属政党的立场为表决立场。

多数人会选择第一个选项，即该代表应该反映所在选区的多数意见，因为这也是选区民众选择他（或她）为代表的本意。如果该代表经常性地和选区多数意见不一致，他（或她）将失去该选区之议席。另一些人会希望该代表体现出政治家的全局观，站在对国家最有利的角度来分析这个问题，那么他（或她）会认为国家的国防预算已经足够了，于是投票反对追加国防预算。还有一些更多从自利角度看问题的人会期待该代表站在最符合自己利益的立场上来表决。如果所属政党要求该代表投票赞成国防预算增加 10%，那该代表就会照做。毕竟，每位代表都希望能连选连任，而政党则是他们竞选连任时的经费支柱。所以上述第三个选项有可能是最常见的一种。这也解释了我们的政界充斥着政客（politician）而缺乏政治家（statesman）这一普遍现象。

批评家迈克尔·穆尔（Michael Moore）认为，美国民众早已丧失
19 了投票赞成多数意见的权利。最近的一项民调数据显示，80%的美国民众对 2010 年的《平价医疗法案》持欢迎态度。然而在我们当前的政治制度下，一些活跃的国会议员却一直在诟病和削弱该法案，他们的最终目的就是要令其废止。

代议制民主思想的历史沿革

无论人们在哪里生活，总是需要政治组织，也需要决定他们能享有的自由的程度和受管束的程度。在一种极端情况之下，人们可以享有极大的自由——政府保持最小规模——但这也有可能会带来无政府状态和“唯有强者得以生存”的原始丛林状态。

在另一种极端情况下，人们或许可以接受一位最高领袖的领导，此时个人权利则几近于无。那么，个人权利被削减到哪个临界点，才能保证最大多数人的最大幸福呢？因此，公众和政府必须决定国家与公民之间到底保持一种什么样的关系才是恰如其分的。

政治理论方面的研究和讨论始于古希腊哲人柏拉图和亚里士多德。柏拉图（Plato）认为，好政府会颁行关于饮食、着装、娱乐等方面的严苛准则。柏拉图不赞成普选权，认为只有那些见多识广且能力出众的公民才应该有投票权。

亚里士多德（Aristotle，公元前 384—前 322）系统且富有洞见地分析了不同类别的政治制度。古罗马时期的学者讨论了关于法治条件下议会制度如何有效运转等问题，并留下了大量书面记录，成为这些领域的重要贡献。在中世纪黑暗时期，绝大多数欧洲人为众多君主和部落首领所统治。当时普遍流行的观点是，君主的统治权来自神的旨意（君权神授），而并非来自被统治者的同意。至于如何行使至高无上的君权，君主们的意见也是不一而足。

马基雅弗利（Niccolò Machiavelli，1469—1527）是自亚里士多德以来首位深刻的政治思想家，他因写作著名的《君主论》（*The Prince*）一书而青史留名，该书的主要内容是关于劝谏君主应该如何对待他们的臣民。作为近代政治科学的奠基者，马基雅弗利更加关注统治的艺术，而不是去总结一套关于国家的理论。他考虑的问题包括：君主是该宽宏大量还是该睚眦必报，是该为众人所爱戴还是为众人所惧怕，是该一诺千金还是该食言而肥。他认为，如果更多人惧怕而不是爱戴某君主，那么这位君主的施政便会更有效率。在马基雅弗利笔下，人民是反复无常、假情假意、贪得无厌的，因此君主应以铁腕手段来应对他们。

16 世纪，欧洲爆发了以新
20 教各派反对罗马天主教廷和教皇的宗教改革。马丁·路德（Martin Luther，1483—1546）、约翰·卡尔文（John Calvin，1509—1564）及其他宗教改革领袖更注重研读圣经文本而不是教皇诏令。一种普遍信条开始出现，即人民可以反抗暴政，但不是以民众反叛的形式，而是经由地方官或代表会议的形式来实现。

17 世纪，有关民主的理念开始零散地出现。政治思想家们逐渐把自由的概念、民众的同意、社会契约以及以革命方式反抗高压政府之权利视为国家的基础。约翰·弥尔顿（John Milton，1608—1674）论述了新闻自由的重要意义。他把统治者视为人民的代理人，认为他们的权力应该受到法律限制，并且认为只有人民才享有主权，且自由是与生俱来的权利。人民应该享有不受政府限制的活动范围，以及有权利以自己的方式实现其自己的命运。

托马斯·霍布斯（Thomas Hobbes，1588—1679）在他的名著《利维坦》（*Leviathan*）中表达了颇为不同的观点。他更倾向于神圣权威，因为在他看来，人的原初状态是自然状态之下的野蛮人，因而需要生活在一个共同权威的管束之下，保证他们能就某些问题达成一致并遵守之。他赞成国家应该有一位享有绝对权力的统治者，人们应该将各自权利让渡与统治者。

约翰·洛克（John Locke，1632—1704）在《政府论》（*Two Treatises of Government*）中提出了自由主义的观点。在这部名著中，他对神圣权威的理念进行了无情鞭挞，并论证了以革命方式来反抗高压政府之权力的正当性。他系统地论证了政府的起源、特征和范围。他认为自然法则也揭示了人们行为应该遵循的法则，法律面前应该人人平等，人们享有生命、自由、财产的自然权利。他们随后形成契约，目的在于保持和保护这些不可剥夺的权利。政府是集体意志的代理人，如果政府行为越界，则可以被人民问责。总之，洛克赞成多数决原则以及政府机构之间应该分权制衡；但他也认为立法权应该享有至高无上的权威。

孟德斯鸠（Montesquieu，1689—1755）在1748年出版《论法的精神》（*The Spirit of Laws*）一书，明确提出了政府的权力应该分为立法权、行政权、司法权三个分支且相互制衡，方能保证政府处于一种均衡状态。他也警告指出，上述任何两个分支均不可同时置于一个领导之下。

让-雅克·卢梭（Jean-Jacques Rousseau，1712—1778）在1762年出版了《社会契约论》（*Of the Social Contract* 或 *Principles of Political Right*）一书，并以自然观点来看待和认识人，他认为人会聚集起来形成社会契约。该书还指出，当社会契约压制人们自然权利的时候，人们可以起来推翻原有契约，因为卢梭认为革命之权乃是人的不可剥夺的权利之一。从各方面来看，卢 21
梭都可被视为法国大革命的使徒，他的作品也直接影响了法国《人权宣言》的起草。

当这些思想传到北美殖民地

上述这些思想也被传到北美殖民地，逐渐形成并巩固了从英国独立出来并构建一整套新的政治体系和宪法秩序的理念。托马斯·潘恩（Thomas Paine，1737—1809）通过他的名著《常识》（*Common Sense*）向大众广泛传播了人民享有主权和革命权利的思想。前述洛克的思想还深深影 22
响了美国宪法的起草者之一托马斯·杰斐逊（1743—1826）。托马斯·杰斐逊认为政府的职责是保护公民的权利和征求被统治者的同意，他希望公民都享有批评政府及当政者之权利。以下是杰斐逊坚信不疑的信条：

1. 平等和公正的审判；
2. 选举权；
3. 多数决原则；
4. 公民自由应予以保护；
5. 军事力量应被置于民选政府的权威之下；
6. 行政开支应厉行节俭。

他认为地方政府的重要性不可忽视，宪法条文也应该定期予以修订以符合不断变化的环境，以及应该坚持政教分离的原则。

杰斐逊在政坛上的冤家对头是约翰·亚当斯（1735—1826），他们二位虽未同年出生，却是同年离世。亚当斯不太相信民众，认为人自出生时原本就不平等，并且赞成建立一种基于出身、教育程度、财富水平的贵族政体。

随着安德鲁·杰克逊（1767—1845）当选总统，美国的政治制度和政府机制也开始变得越来越具有平民主义倾向。杰克逊提倡并推广了普选权，废除了公职人员在财产和宗教方面的限制性任职条件。他的绝大多数提议都直接诉诸选民而非两党的政客，赞成各州宪法应经过大众认可方能施行。

约翰·斯图尔特·穆勒（John Stuart Mill，1806—1873）是名英国人，但是也为民主社会的构建贡献了很多重要思想。他希望国家应该成为“思想和理念的自由市场”。他非常珍视自由，认为人民应该依据各自意愿享有自由表达和思考之权，应该由公民来挑选统治者，而不是由少数人给多数人下指令。

一言以蔽之，在过去的两个多世纪里，人民权利和政治组织都获得了显著进展。由出身和阶级所带来的政治特权也在逐渐消失。在管理《权利法案》列定的各种个人权利的时候，法治原则的重要性越来越凸显。美国宪法仍然是界定美国民主政体的至高无上的权威文献。

代议制民主政体的优势有哪些？

第一个优势便是个人自由的最大化，这里的个人自由包括但不限于结社自由、言论自由、投票自由，以及作为其他基本人权的补充的获取完整信息的自由。联合国人权委员会曾明确规定，不具备基本公民权的社会，其政体不能被认定为民主政体。因此，人民是否可以表达观点、组织讨论以凝聚共识，这对一个社会而言是至关重要的。

第二个优势便是所有公民都配享有公正的法官和陪审团以及受到迅速审判的权利。所有公民都有为自己辩护之权利，而一旦定罪，他们也不应该被虐待或接受不人道之对待。

第三个优势便是在民主政体之下，较少会出现内战、暴力冲突以及政府主导的大规模谋杀等事件。民主政体会带来更稳定的社会秩序，给予公民和平方式——而非暴力方式——来定期更换其代表的权利。

总统制（presidential system）与议会制（parliamentary system）有哪些不同？

美国的代议制民主被称为总统制，每隔 4 年美国公民投票选一次 23
总统。美国的政党制度是两党制，每个政党在总统大选时提出一名候选人（及其竞选伙伴）。公民在两党候选人中二选一，获得选举人票中的多数者最终赢得大选（选举人票的多数并不必然等于选民投票的多数，后文将会详细解释）。总统一届任期结束后，可以再次竞选，但其连选连任不得超过两届。

美国公民还需要投票选举国会参议院和众议院的议员，多数当选的议员和总统并不同属于一个政党。这样就形成了一个分权制衡的体制，总统代表的行政分支和国会代表的立法分支常会因很多问题而争执不下。美国的立法机构采取两院制，每个州依据大小和人口规模选出人数不等的代表组成众议院，同时每个州也各自选出 2 名参议员组成参议院。目前，众议院共有 435 名众议员，参议院共有 100 名参议员（代表着 50 个州），均可连选连任。

国会议员的选举每 2 年举行一次，众议员全部改选，参议员改选三分之一。在过去，竞选活动往往只在选举前 6 个月才启动；那么也就是说，有 18 个月的时间是没有竞选活动的。而现在，竞选活动已然常态化和永久化了。众议员一经当选，就不得不马上开列支持者和捐赠者名单，从而为 2 年后的改选提前做打算。据估算，每名众议员平均要花近三分之一的时间去筹集经费和广结善缘。而参议员因为每届任期 6 年，才不必花更多时间在常态化的竞选活动中。

现如今，各种营销专家、公共关系顾问在为候选人提供着各类所谓专业的指导，因为他们需要一定的品牌效应，而且不希望竞选对手形象好过自己。2008 年当贝拉克·奥巴马当选总统后，共和党参议员米奇·麦康奈尔（Mitch McConnell）随即宣称：“我们的首要目标就是让贝拉克·奥巴马只当一届总统。”

24 美国总统制之下的竞选费用近年来持续升高。2016 年大选的经费预估情况是 70 亿～100 亿美元（实际花费约为 70 亿美元。——译者注）。亿万富翁科克兄弟计划用近 10 亿美元来影响这次大选，这也是截至目前花费最多的一次大选。之所以会有如此高的竞选费用，是因为联邦最高法院在 2010 年“公民联合会”一案中以 5 比 4 的裁决结果，认定公司享有与个人相同的权利，旋即形成了如开闸一般的效应，大批经费开始涌入政治行动委员会（Political Action Committee，PAC）和超级政治行动委员会（Super PACs）。此外，2016 年总统大选也比往年吸引了更多候选人来参选以及更多亿万富翁来赞助他们各自偏好的候选人。

什么是政治行动委员会和超级政治行动委员会？

政治行动委员会，也称联邦政治行动委员会，是专门负责筹募和分配资金以支持或反对某候选人角逐联邦一级公职（参议员、众议员、总统、副总统）的机构，政治行动委员会必须向联邦选举委员会注册后方能开展活动。在每一日历年内，政治行动委员会接受任何个人捐赠、单个政治行动委员会的捐赠、政党委员会的捐赠之金额单笔不得超过5 000美元。在每一个选举周期(包括初选、大选、补选)，政治行动委员会捐赠给每位候选人委员会的竞选资金也不得超过5 000美元。在每一日历年，政治行动委员会捐给政党全国委员会的资金最多不得超过15 000美元，捐给其他任意一家政治行动委员会的资金不得超过5 000美元。企业、工会、协会等组织不能直接与任何联邦层级的选举有资金往来；然而，它们可以设置政治行动委员会，“只接受那些与赞助者组织有关系的个人之捐赠资金”。这一类组织中著名的例子包括微软公司政治行动委员会、卡车司机工会（Teamsters）政治行动委员会、全国步枪协会(National Rifle Association)政治行动委员会等。自1943年首次出现后，政治行动委员会就一直在影响着各类选举和竞选活动。

公民个人可以直接向政党或候选人捐款。每次选举，个人向政党全国委员会——如共和党全国委员会——捐款最多不得超过30 800美元，向单个候选人捐款最多不得超过2 500美元。

超级政治行动委员会产生于联邦最高法院2010年“公民联合会”一案中5比4的裁决结

果，即法院认定公司享有与个人相同的言论自由权。这一结果赋予企业、工会、协会等组织从其他企业、工会、协会筹募资金的权利，以及用以支持和反对候选人的竞选资金无额度限制的权利。但是，超级政治行动委员会不得将竞选资金直接捐给候选人，也不得与政党或竞选活动进行协调行动。它们需要每个月或者每半年向联邦选举委员会报告其捐赠者的情况。

25

从技术层面来讲，超级政治行动委员会“只能从事与促进和提升社会福利相关的活动”，偶尔也可以参与政治活动，但后者绝不可成为该组织的“首要”任务。但是，美国国税局（Internal Revenue Service）局长也曾明确表示，只要组织用于政治活动的经费不超过其收入的 49%，就仍能享受税务减免政策。

截至 2016 年 2 月 1 日，全美有 2 186 个组织注册为超级政治行动委员会，已筹募到 353 533 929 美元（3.53 亿多美元）的资金，并在 2016 年选举周期中花费了 140 079 965 美元（1.4 亿多美元）。

当今世界共有 48 个国家采用总统制，具体情况也各不相同。总统制的特点之一，就是选民一旦选出政府（包括立法分支和行政分支），在任期结束前，便绝无可能对政府形成制约或将其换掉。

相比之下，议会制国家的公民却可以对政府形成制约。当今世界共有 60 个国家采取议会制，主要包括前大英帝国殖民地、多数欧陆国家以及其他一些国家。[5] 在议会制国家，公民将选票投给政党而不是候选人个人。当某个政党在大选中赢得选举，且在议会（一院制只看议会、两院制看下议院）中占据多数席位时，则该政党领袖将被任命为政府总理或者内阁首相。如果在任的总理或首相面临议会的不信任投票，则不管任期是否结束，均可被换掉。而选民也可以在下次选举时将选票投给完全不同的政党。

议会制首先诞生于18世纪的英国，由上议院（亦称贵族院）和下议院（亦称平民院）组成。现如今，英国政坛上有两个主要的政党——保守党和工党——以及一些小党。在大选中，如果某个政党赢得选民投票中的多数，则获得了议会下院多数席位并获得组阁权，该政党领袖即成为内阁首相。内阁成员由首相和政党来提名和任命。该政党可以连续执政，一直到下次大选之日或是在议会中被反对党提出不信任投票。在后一种情形中，执政党需要立即确定近期的一次选举日，进而所有政党便展开竞选活动。在一般情况下，竞选活动会持续30日，然后选民进行投票，获得选民投票多数的政党将获得组阁权。

议会制至少有以下三种优势：

> 1. 当议会中反对力量对执政党提出不信任投票时，大选可在正常选举日期以外提前举行；
>
> 2. 占有多数席位的执政党所掌控的立法过程比“僵化的”总统制更迅速、更便捷；
>
> 3. 执政党在感知到选民的压力时，能够以更加灵活的方式随时调整其政策和措施。

笔者认为，美国的政治制度需要加入一些议会制元素。因为如果 26
相当一部分选民认为国家发展有点迷失方向，并希望将当前执政党换掉另选其他，议会制至少可以保证他们有这个选择的机会。然而，在我们当前的总统制下，不管谁当选总统，其实是国会中的相当一部分议员在持续不断的统治着这个国家。选民们没有任何机会替换上述人群以重新来过。我们应该认识到，一切以加入议会制元素为目标的改革，都需要对美国宪法进行修正。

在一定程度上，美国建国初期的制度设计者们希望权力在一个分散的体系中进行运作。这些最初的制度设计者绝大多数都是富裕阶层，或是大地主，或是企业主，或是商人，或是银行家。他们希望建立的是徒有其表的民主政体，不希望给予民众太多权力。在美国建国初期，奴隶和妇女被剥夺了选举权。这些制度设计者更倾向于共和政体，而不是民主政体。事实上，“民主”一词并未在《独立宣言》和《美利坚合众国宪法》这两个重要文本中出现过。立法权和行政权在很大程度上掌握在一群代表手中，这群人更倾向于保护富裕的有产阶级的利益。尽管参议员和众议员需由选民投票选出，但是最高法院则无须经选民投票这一程序之认可。

分权制衡原则被引入美国政治体制，主要是为了防止立法权过多地受选民投票所影响。这些制度的设计者们对英国的殖民统治留有深刻记忆，因此不希望新建的制度仍是君主制；但他们仍主张这个新成立的国家应该由贤能者来治理，而不是完全交给选民来投票。即便现在采纳的是代议制民主制度，但定期的投票也无法选出全新的领导人。总统每隔 4 年改选一次，参议员每隔 2 年改选三分之一，众议员每隔 2 年全部改选，最高法院法官由总统提名、国会任命，任期终身。在最初的制度设计中，甚至参议员都是经由州议会任命产生，而非直接由选民投票选出。这一制度直到 1913 年美国宪法第 17 条修正案通过后，才改为参议员由各州选民经投票产生。

国家政治生活中只有选举是不够的

我们认定是否定期组织选举是判别一个国家是否为民主政体的重要标志，但这是不够的，我们也需要加入一些其他附加条件：

- 所有公民都享有投票权；
- 公民可自由结社并自由表达其观点，这包括组织和平抗议的机会； 27
- 国家保障新闻自由，报纸、广播、电视、数字媒体等均可自由报道消息和意见；
- 公民可自由信仰宗教；
- 公民可自由创业或自由择业。

上述每一个条件都需要进一步去具体限定，从而使该条件真实有效。对“所有公民都享有投票权”这一条而言，要求在一个真正的民主政体中，在实际操作中就要做到“一人一票”，而不会在票箱里充塞很多用虚假姓名或离世者姓名投出的选票，也不会出现有人贿赂选民以使某个特定候选人获得更多选票，也不会有长相凶险者在投票站旁逡巡威胁那些不按照预定计划投票的选民，更不会出现投票时间很短或者投票站很远且难以抵达的情形。

对“结社自由”这一条而言，政府能因为某些组织观点激进、组织帮派或携带枪支，就不允许其结社吗？政府能限定参与和平抗议某议题的活动人数吗？

对“新闻自由”这一条而言，媒体人的观点是否足够多样化，从而使公民能够获知不同声音？国家应该如何处理那些扭曲事实、弄虚作假的媒体人？当前最重要的议题之一，就是要保护互联网的“网络中立性”（net neutrality）。诸如 Big Cable 和 Big Telecom 等大型互联网供应商会刻意降低它们不喜欢的或观点对立的网站的网速，把商业利益考虑放在公民利益之前。幸运的是，美国联邦通信委员会（Federal Communications Commission）出台了新规定，旨在保护网络中立性。

对“宗教自由”而言，民众是否享有变更宗教信仰之自由，以及是否享有保持不可知论和无神论之自由？宗教团体是否有足够的权力对涉及自身的立法过程施加影响？

最后，对“创业或自由择业”而言，公民是否享有因求职而迁徙至其他城市之自由？公民是否享有选择自己想从事的事业之自由，包括在确保有人投资的情况下自行创业的自由？

大多数人希望从社会获得什么？

良善社会是由什么要素构成的？当一群人聚在一起准备设计一个新社会或乌托邦时，这个问题就变得比较重要了。下列要素应该是能被一致认可的：

28 ● 我们希望能有安全且优质的衣食住行保障；

● 我们希望能有优质的医疗卫生保障和设施；

● 我们希望能从优质的教育体系中获益；

● 我们希望能自由结社与自由表达；

● 我们希望能自由地选择宗教礼拜的场地和方式；

● 我们希望能够享有自由且真实的新闻和观点报道；

● 我们希望能有优质的休闲机会和安全的旅行；

● 我们希望能有一个运转良好且有治理能力的政府，并一直致力于改善我们的生活。

公民希望从政治制度中获得什么？

公民希望从政治制度中获得什么？如果我们就这个问题设计一次

民调，下列要素应该是能被一致认可的：

- 我们希望能有经常性的选举，以使我们有机会表达我们对总统、其所属政党，以及个别议员的满意度；
- 我们希望选举周期能缩短些，希望候选人不要在影响投票和诋毁对手上花太多钱，我们也不希望有权势的团体无限制地以金钱来影响或直接贿赂投票；
- 我们希望候选人的竞选经费由政府承担，而不是去找富有的金主无限制地筹募资金；
- 我们希望通过法治原则和此前的法律实践来处理事务；
- 我们希望国会和各级法院能够尊重财产权和基本人权；
- 我们希望国会能够公平、公正、有效地进行立法；
- 我们希望在政府架构中，行政分支和立法分支之间能够互相尊重而不是互相掣肘；
- 我们希望司法体系能够公平且有效地运作，以使每个案件都能依据其本身的是非曲直获得裁决，而不是依据某种意识形态；
- 我们希望政府既能够尊重民众的隐私权又能够确保民众的安全权；
- 我们希望联邦政府能够尊重各州的权利，同时各州也愿意相互协作以使我们的法律保证具有一定的一致性；
- 我们希望联邦政府能够在经过缜密思考后制定外交政策，并扶持那些扩展了海外业务的产业；
- 我们希望联邦政府能够加强国防建设并维护国家安全。

美国需要结合上述要点审视自己距离民众的期待还有多远。美国政治制度中的两党信仰完全对立的意识形态，丝毫不愿与对方合作以 29

寻求妥协。白宫代表的行政分支和国会山代表的立法分支之间持续剑拔弩张，严重削弱了总统的领导力。联邦最高法院因为意识形态取向而四分五裂，以至于不论案件性质如何，最高法院的裁决永远是可以预见的5比4。对候选人来说，选举周期持续过长，花费也十分昂贵。对选民来说，真正愿意出来投票的不足55%。立法机关里的游说制度使得大多数立法都是受金钱影响而产生的。格里蝾螈选区划分制使得选区被重塑，以增加任何在任议员持续连选连任的概率。

我们能做些什么来改善我们的民主政体？

2015年，一个名为“妇女选民联盟”（League of Women Voters，LWV）的组织指出了三个正在削弱民主政体的问题：

- 国会的选区划分越来越受到格里蝾螈制的影响，以符合那些一心谋私利的政客的利益；
- 普选权正在被限制甚至被褫夺；
- “黑钱”正在大量侵蚀选举，选民根本不清楚是谁在为我们所见所闻的政治信息提供政治献金。

该组织表示：“当我们的民主政体逐渐被亿万富翁、特殊利益集团，以及由它们资助的政治机器掌控时，我们绝不能坐视不管。”联盟正与其他团体一起筹募资金，为改正上述问题，使民主政体运转得更好而努力。[6]

公民如何看待政府？

我们也要问一问公民是如何看待其政府的。美国人倾向于对美国例外论和美式民主进行自我吹嘘。这使得很多美国人认为世界上其他国家都非常羡慕美国体制，并认为美国有责任让全世界所有国家都接 30
受并建立美式民主和自由制度。美国对伊拉克和阿富汗的入侵就被解读为要给上述两个国家带去自由。美国还在非洲和亚洲大肆兜售其美式民主，完全忽视当地的文化和信仰方面的巨大差异。

美国人民和世界人民却对美式民主制度的瑕疵愈发无法容忍。公民在办事时会遇到很多不称职的政府雇员和官僚；司法不公时有发生，而正义有时迟滞，有时根本不至；行政分支和立法分支之间或两党之间分歧不断且僵局频仍；警方滥用警力，侵害民权；地方性政客利用这种政治制度一心为自己谋利；政府迟迟不应对和解决诸如移民、看病难、基础设施老旧等关乎民生的重要问题，总是顾左右而言他抑或是将其高高挂起。与其他一流国家相比，美国公立学校学生的科学和数学能力表现堪忧，美国的医疗卫生保障体系花费更贵然而却没产生更好的结果。在婴儿死亡率这一数据前，美国在 173 个国家中排名 49。因此，难怪皮尤研究中心指出，自 2011 年以来，美国的公民中相信美国例外论的人下降了 10 个百分点。[7]

相信美国例外论这一观点的问题是他们忽略了基础设施、赋税问题以及国防预算已是天文数字的情况下仍在关注海外影响力。政策的优先顺序明显错误，一直以来就有意见指出，领导人应该减少在对外交往上的精力和时间上的投入，而应该多关注国民经济发展和美国社会本身的问题。该观点还认为，如果美国社会得以改善和进步，那么与单纯花费巨资在海外传播和兜售美国影响力相比，这能给美国领导力和美国例外论带来真正的更大的贡献。

美国需要承认，当今世界的领导权早已不是美国一家独享，而是要和其他国家一起分享，包括中国、印度、俄罗斯等。美国历来不善于与其他国家合作以构建一致的国际机制（例如拒绝签署《京都议定书》），拒绝加强对生化武器的禁令，也不加入对地雷、凝固汽油弹、集束炸弹等武器的禁用协定等。如果美国想成为国际社会大家庭之一员，就不能一直无视多数国家都共同认定并接受的道德和法律准则。[8]美国需要努力构建与其他强国的合作关系，而不是坚持特立独行。

占领华尔街运动贴出的海报提出了以下一些颇能引人深思的问题：

- 在北欧国家——瑞典、挪威、丹麦、芬兰——教育都是免学费的，也包括大学。这些国家的政府甚至每月都向学生发放津贴，以使学生能负担其生活费用。尽管这导致了较高的赋税，但
31 是北欧学生受到的教育却更好。这种免费教育政策减少了社会不公正，而且使得个人和社会在长期都能获益匪浅。
- 在美国，大学生为了接受教育，几乎个个都负债累累、深受压力，即便毕业后参加工作，也将长期背负此债务。
- 美国的监狱里关的犯人，比其他任何国家的都要多，而且花在监狱上的经费远远多于花在大学生身上的。
- 富裕阶层影响着绝大多数政客，而这些政客往往巧舌如簧，能愚弄并煽动年轻人去参军打仗。[9]

然而，占领华尔街运动的组织和参与者却未能提及，美国到底有多少私人拥有的枪支，我们的日常食品中到底含有多少糖、盐、脂肪，以及美国司法体系到底有多能煽风点火且耗资甚巨。

那么美国到底有多例外？2016 年，《美国新闻与世界报道》（*U. S. News & World Report*）发布了由 WPP 集团（Wire & Plastic Products Group，世界上最大的传播集团）旗下的 BAV 咨询公司和宾夕法尼亚大学沃顿商学院综合考虑 24 项指标排名后提出的一个“全球

最佳国度”榜单。其中，德国排名第一，加拿大排名第二，英国排名第三，美国排名第四，瑞典排名第五。[10] 在另一项由哈佛大学商学院和杜克大学的学者共同开展的研究中，美国人被问及他们最希望居住在哪个国度。研究者向受访群体展示了某国 A 和某国 B 的收入分配情况（受访群体在做选择时并不知晓 A 是瑞典而 B 是美国），结果约 90％的美国人选择最希望住在 A 国——拥有瑞典那样收入分配情况的国度！[11]

毋庸置疑，美国式的民主与资本主义混合体产生了不少重要结果，这其中就包括美国是当今世界最富有、实力最强、生活水平较高的国家之一。但是，美国也表现出很多饱受争议的特点，我们将在随后的十个章节中分别对其进行考察。

注释

[1] 参见 Wikipedia，“Democracy Index”，2015－03－16.

[2] Bello，“Cleaning up Latin American Democracy”，*The Economist*，2015－03－08.

[3] L. Lessig，*Republic Lost：How Money Corrupts Congress—and a Plan to Stop it*，Hachette，New York，2011.

[4] 参见 www.publicintegrity.org/2012/10/18/11527/citizen-united-decision-and-why-it-matters.

[5] 参见 www.semipresidentialism.com/?p=195.

[6] 来自妇女选民联盟主席伊丽莎白·麦克纳马拉的一封信。

[7] C. M. Blow，“Who Loves America?”，New York Times，2015－02－23. 32

[8] 参见 J. R. Orenstein，*Fixing American Government*，Sun Coast Digital Press，Satasota，FL，2015.

［9］海报参见 owspostes. tumblr. com.

［10］A. Boult，“UK Named the Third Best Country in the World”，Daily Telegraph，2016－01－20.

［11］N. D. Kristof，“Why let the Rich Hoard all the Toys”，New York Times，2012－10－03.

第 **2** 章

重塑选举

——公民为何不投票？

在选举代表时不能发声且不能投票者，不仅无自由，而且绝对受制于能投票者。

——本杰明·富兰克林，1774

让人民来决定。

——安德鲁·杰克逊

民主不是一种仅供观赏的体育赛事，而是一种需要投身其中的事件。如果我们不积极参与，民主也将不成其为民主。

——迈克尔·穆尔

35 民主政体的起点都始于选举。如果某种政治体制（如由君主直接掌权）无任何选举，则该体制不应被视为民主政体。

本章将先讨论有关“选民”以及谁能投票等问题，而后将讨论有关“候选人”以及在民主政体中谁能参选、如何当选等问题。

何谓公民？

如果要界定选民，我们首先要界定公民。公民是在法律上属于一国、享有该国权益并被该国保护的个人。一般来讲，成为公民有两种方式，其一为先天出生于该国，其二为后天归化于该国，均对国家宣誓效忠。公民也有其相应的责任和义务，如认可并遵守所属国的法律规章等要求。

哪些公民可享有投票权？

36 在一个国家中，并非所有公民都享有投票权。例如，在古希腊的雅典，只有五分之一的公民被赋予投票权；妇女、未成年人、奴隶均不在其列。在美国的建国之初，宪法设计者们中的多数都一致认为不应该给大多数普通民众以投票权。这种想法的初衷，乃是对愚昧无知的选民和善于煽惑民心的政客的双重担忧。于是，他们把投票权限定在有产者和白人男性中。奴隶们直到被《解放黑人奴隶宣言》（The Emancipation Proclamation）认定于 1863 年 1 月 1 日起为自由之身，才可享有投票权。即便那时，在美国南部诸州（尤指佐治亚州、亚拉巴马州、密西西比州、路易斯安那州、南卡罗来纳州），这些从奴隶制中解放出来的人们仍需要缴人头税（poll tax）以行使投票权，而且很多人都担心会丧命于各种私刑（lynching）。

美国妇女直到 1919 年 5 月 19 日美国宪法第 19 条修正案通过才被赋予了投票权。妇女为争取投票权的社会运动始于 19 世纪 40 年代，与推动废除奴隶制的努力大体上是同一时期。那一时期在家中，妇女也只有极少权利。丈夫是一家之主，妻子的所有财产均归丈夫支配，不能享受受教育权，也不能出去工作，更不能提出离婚。凡此种种的性别不平等，成为 1848 年 7 月 19—20 日召开的妇女权益大会上通过的《权利与情感宣言》（Declaration of Sentiments）重点批判和要力求改正的现象。然而，从该宣言通过又过去了 70 多年后，美国妇女才最终获得了投票权。

关于谁能投票的问题，各国都需要自己界定其范围。公民作为成年人可以享有投票权的标志是年龄，各国都对此有相关规定。在一个完全的民主政体中，对选民不会有种族、收入、财产、性别及其他方面的限制。当前美国面临的一个大问题是，刑释人员（ex-offender）是否应准予享有投票权。各州对此规定不尽相同。由于绝大多数刑释人员生长于穷困潦倒的环境，他们在选举时更可能把票投给民主党人，故共和党人则反对给刑释人员以投票权。

事实上，美国宪法文本没有明确包含关于公民人人享有投票权的表述，只言明投票权不得以种族歧视或性别歧视而被取消或废止。但是州政府仍可坚持要求公民前来投票时出示带照片的身份证明。两名国会议员曾提出新增一条宪法修正案的动议，须言明“美利坚合众国所有公民，达到法定投票年龄者，均享有在公民居住地举行的任何公共性选举活动中进行投票的基本权利”。

有多少公民前去投票？

考虑到法律对公民投票权的保障力度，不得不令人感叹的是，仍有很多人选择不投票。由于所有新制定的法律、规则、规章等会影响
37 到所有人，理论上人们会期待所有公民都想选出能维护和表达他们利益的代表。选民定期决定哪些代表称职可再继续任职，哪些不称职应该被替换。对公民来讲，社区级、市级、州级的选举都很重要，而每2年一次的联邦层面的选举（包括立法分支和行政分支）则非常重要。

然而在美国，选民投票率（voter turnout）令人失望地持续走低。美国总统大选每4年举行一次，自1972年起法定投票年龄定为18岁及以上。2000年大选，合格选民中前去投票者只占全部选民的51.21%；2004年大选，该数据为56.7%；2008年大选，该数据为58.23%；2012年大选，该数据为54.87%。选民投票率很少超过60%。[1]然而在其他国家，选民投票率远高于美国：奥地利的数据是75%，比利时的数据是89%，德国的数据是71%。在美国，每2年举行一次的国会中期选举，其选民投票率更低，仅为36.4%。很显然，中期选举对选民的吸引度远远小于众议院和参议院提名选举（原文如此。——译者注）。

在投票率方面，还有其他一些值得关注的差异。按美国各州来分，2012年大选时缅因州投票率最高，为59%；而印第安纳州的数据最低，仅为28%。按照公民收入水平来分也有很明显的差异，受教育水平较高的、收入水平较高的群体，其投票率往往会更高。按性别来分，在最近的选举中，女性投票率等于甚至超过了男性投票率。

按种族来分，差异也很明显。2012年，黑人群体的投票率首次超过白人群体。相比之下，西班牙裔几乎不投票。他们的家人之间也很少谈

论政治，他们经常认为候选人对西班牙裔社群和相关问题不闻不问。然而研究显示，随着年岁的增长，西班牙裔群体投票主动性会提升。[2]

未来的发展或许取决于“千禧一代”（Millennial）——年龄介乎 18 岁和 34 岁之间的这群人——的投票模式。一项民调显示，只有刚过四分之一的人表明了明确的政党偏好，有 40%的人认为自己是独立于两党之外的。许多人似乎已经不再相信选举政治能够解决社会问题。当然，这种情形也会因为具有强烈魅力的候选人的出现而发生变化。比尔·克林顿、贝拉克·奥巴马、伯尼·桑德斯就是这种人，在他们出现的年份投票率有明显的回升。[3]

适龄选民中的投票行为也受到其他因素的影响，例如因总统候选人而产生的某种利益、某些特定问题对选民的重要性，以及竞选活动中所产生的巨额花销（及其逐年增多的趋势）。

在诸如澳大利亚等国家，投票是强制的（mandatory）。在澳大利亚，如果选民不投票，将会被处以 15 美元罚金。著名作家及社会评论家娜奥米·沃尔夫（Naomi Wolf）就曾提议美国也应该实行强制投票 38
制度。如果公民没完成投票义务，那么将无法进行机动车行车执照（auto registration）更新和报税。[4]强制投票制度也许会改变我们的国家。那些选择不去投票的人包括年轻人、低收入群体、大多数移民群体和少数族裔。如果实施强制投票制度，那么他们的选票将极有可能投给民主党人。这也有助于解释为何共和党人一直不遗余力地要求选民在投票时要出示身份证明以及试图增加特定群体的投票难度。

为何有那么多公民选择不投票?

持续走低的投票率是人民对政府施政表示满意的信号吗？抑或是

人民早已极度不满，认为投票行为本身已经不可能给自己的生活或是关心的他人的生活带来任何变化？但是，一如公元前430年雅典执政官伯里克利（Pericles）谈及拒绝投票者时的讲话，“不能因为你对政治不感兴趣，就以为政治和你的个人利益没关系”。

公民选择不投票多数是基于以下理由：

- 我的那一票改变不了大局，只是数千万张选票的其中之一。
- 国家是被有钱、有权、有势的人领导和治理着，我的那一票也无法改变这个现实。
- 选票上印的候选人名字太多，我完全不了解他们，从而也就没法做出基于充分信息和考虑的选择。
- 政坛上的两党太相似了，所以哪家获胜都无所谓，而且两党都没有直面真问题。或者，两党之间差距太大，所以它们之间无法达成任何一致意见，因此也就没有实质性的治理。
- 选择去投票太费钱也太费时间，我得离开工作地点，到偏远的投票站，排很长的队，只为去投那一张改变不了任何现实的选票。

选民们的愤世嫉俗是影响他们不去投票的重要因素。很多美国人过着低收入的生活，对生活没有太多希望，更不相信政客们会帮助他们改善生活。而事实是，美国社会阶层之间的流动性下降明显。美国人一直沾沾自喜于曾经的美国是“充满机遇的大地”，但是现在的美国已经变成了一个僵化的社会。尽管参议员马科·鲁比奥（Marco Rubio）经常说“我们国家没有穷人，只有富人和即将变成富人的人”，但事实却是，美国正在变成一个只有富人和穷人且贫富差距越来越大的国家。如果一个小孩子出生在收入排名倒数第五的家庭，那么他只有4%的机会能跃升至收入排名正数第五的阶层。有研究指出，家庭收入水平和子女获得高薪职位之间有着高度相关性。[5]

而那些去投了票的人，也并不是真正实现了阶层跨越的人。事实 39
上，去投票的人往往都已经是中产阶层，或更加具有意识形态导向，或更受单一问题驱使，或更积极参加政党活动。贫困者以及其他一些群体则并未被充分代表。

我们生活在一个愤世嫉俗的时代，人们有充分的理由质疑政客和政府。政客们似乎只是为了钱和权才投身政治，他们的背后都有各种特殊的利益集团给予不少资助，而很少去思考公共事务和公共产品等问题。2016 年大选共和党内有 17 名候选人角逐总统提名，他们中有一位“局外人”鹤立于其他传统共和党人，这便是任性傲慢、且以自我为中心者——唐纳德·特朗普，其更因直言不讳毫无保留而占据了大多数媒体的头条。特朗普公然违背“政治正确”，提议所有来自墨西哥的非法移民都必须被遣送回国，而且要在美墨边境上修筑隔离墙（由墨西哥政府埋单）以阻隔更多墨西哥人北上；提议美国应该禁止所有穆斯林入境；并附议很多与美国信仰和理念相违背的歧视性政策。然而，特朗普“厌恶的政治”标签下的每一个新问题，却总能为他赢得更多的选票。他吸引了多数低收入阶层和愤愤不平的受压迫者群体，而这些人被传统的政党和政客所长期忽略，也急需一个新鲜声音来代表他们的怨念和不平。特朗普是美国政治中极其罕见和特立独行的现象，也让传统的保守主义共和党中的大多数政客惴惴不安。他绝不是 3.5 亿美国人能够将自己的未来托付与之的人。

美国政治生活中是否存在官方对选民的压制?

50 多年前的 1965 年，林登·约翰逊（Lyndon Johnson）总统签署了《选举权利法案》(Voting Rights Act)，以禁止在选举活动中的种族歧视。在这项法案通过以前，第 14 和第 15 条宪法修正案是保障投票权的法律条文，但是并未对禁止种族歧视做出相应规定。1965 年《选举权利法案》第 2 条则明确禁止州政府和地方政府制定有关投票的法律，以歧视种族和语言上的少数群体。该法案尤其明令禁止了文化水平测试以及其他在历史上歧视并剥夺少数族裔投票权的制度安排。该法案是民权立法的重要成就之一，纠正了上述情形，并保证广大非裔美国人享有投票权。当然，这也使得民主党失去了作为传统票仓的南方各州。

国会也在那之后的时间里不断增强受其保护的范围。2006 年，国会一致通过将该法案有效期再延长 25 年。然而在 2013 年，最高法院
40 在“谢尔比县诉霍尔德”(*Shelby County vs Holder*)一案中以 5 比 4 的表决结果，认定联邦无须再去监管那些历史上有过歧视性政策的州和地方，并认为《选举权利法案》已经完成了其任务而无须再适用。

诚然，文化水平测试和人头税早已取消。但是，在许多州都有不少顽固的保守主义者试图引入新的手段来持续阻止非裔美国人投票，因为他们往往都会投给民主党。北卡罗来纳、得克萨斯和其他五个州通过立法收紧了关于投票权的规定。具体而言，就是要强制推行选民身份认定（要出示出生证明、地址证明、机动车驾驶证等文件）制度，取消提前投票和同日注册制度。这些州的立法者声称，上述举措是必需的，主要是为了防止选民欺诈和提升投票效率。但事实上，这些地区并无选民欺诈情况出现。

这种选民压制现象（voting suppression）一直到近些年仍然屡见不鲜。例如，2015 年，威斯康星州州长斯科特·沃克（Scott Walker）取消了提前投票，这使得在校大学生投票面临更多困难；佛罗里达州

前州长杰布·布什试图以清理选民登记簿（purge voter roll）的方式限制投票权；新泽西州州长克里斯·克里斯蒂（Chris Christie）否决了一项旨在扩大新泽西州提前投票范围的立法。新泽西州的投票率历来很低，徘徊在 20%～30%。州长克里斯蒂反对选民自动注册机制，因为他担心这样会产生更多的投票欺诈。这种政策的内在原因不止于此，北卡罗来纳州罗利市的牧师厄尔·约翰逊博士（Rev. Dr. Earl Johnson）就指出，“我认为他们只是担心更多像奥巴马那样的非裔美国人当选公职”。

一个颇具讽刺的案例是：在得克萨斯州，年逾 90 高龄的国会众议院前议长吉姆·赖特（Jim Wright）竟然被得克萨斯公共安全局拒绝认证其选民身份，主要是因为他的得州驾驶证于 2010 年过期，而他的得州基督教大学教师工作证也不被政府接受为合法身份证明，因此他不得不专门跑一趟去申请“得州选民证”（State of Texas Election Identification Certificate）。如果美国国会前议长维护投票权都已经这么困难，我们可以想象还有很多人会遇到更多难以解决的困难。

从 2011 年到 2015 年，**全美有 49 个州通过了共计 395 项关于投票限制的新规**。职业政客们通过设计上述限制性规定来操控选区划分以及剥夺数百万美国公民的选举权，而选举权对建立一个为民服务的政府而言是必不可少的。

2015 年，各州针对选民投票权施行的限制性举措已经引起了联邦最高法院的关注。当亚利桑那州和堪萨斯州两地上诉至最高法院，以求获得对投票者需提供公民身份证明条款的支持时，最高法院明确驳回了该上诉以表明其立场，即不允许州政府强制要求参加联邦选举的选民提供公民身份证明。该案的原告方包括北卡罗来纳州全国有色人种协进会（National Association for the Advancement of Colored People,

NAACP)、妇女选民联盟，以及不少非裔美国人教会（African-American Churches)，它们的观点是上述两个州的法律规定的主要目的是剥夺少数族裔的选举权，而不是所谓的“降低选民欺诈”。[6]

选民获取信息是否充分?

41 我们所能希望的就是公民积极投票，以及他们能够获得充分的信息从而选择那些能够代表其利益和诉求的候选人。但现实情况是，许多选民并不能在投票前获得充分的信息，他们因受教育水平欠佳而无法阅读或是无法紧跟最新的时事新闻或公共议题。马克·吐温（Mark Twain）曾经恰如其分地指出报纸的功能：“如果你不读报，你将一无所知；如果你一直读报，你将被蒙蔽双眼。”

前文提及的娜奥米·沃尔夫报道指出，有三分之一的美国人无法说出政府立法、行政、司法三个分支中任一个的准确名称，有三分之二的人无法说出其中任意两个的准确名称，而许多选民从来没有修读过公民课程，或者已经完全不记得其课程内容。因此，娜奥米在一次被称为“公民会议”的大型活动上提议，应该设立一个“全国议题日”以为选民提供充分信息。[7]再看一下这个案例：《美国新式民主》（*The New American Democracy*）一书指出，“有三分之一的美国公民无法记住其所在选区的国会众议员姓名，而能记住这些议员为选区所做贡献的公民更少之又少，只有约十分之一的公民能记清他们所在选区的议员在某具体问题上的投票态度”。而根据美国思考者网（American Thinker）的统计，只有27%的美国公民能说出他们所在州的2名参议员的名字。[8]

即便那些受过良好教育的公民也很难搞懂当前的主要议题是什么，

更不必提对民意代表会怎样投票以及该怎样投票来表达自己的意见。近年来，美国的媒体和意见领袖数量激增，而且他们的政治立场总是大相径庭。《纽约时报》(*The New York Times*）就代表了自由派和民主党的立场，而《华尔街日报》(*The Wall Street Journal*）则偏向于保守派和共和党的立场。各种广播电台既盛产持左翼观点的时事评论员，也令更多持右翼观点的时事评论员充斥整个网络。于是，我们每个人最后都选择去阅读和倾听自己偏好的媒体，而完全无视代表其他观点的媒体。结果，我们每个人都生活在一个巨大的气泡中。

在上述情况的影响下，绝大多数的选民最后都会选择认同某一个政党，认为该政党才能更好地界定选民偏好和代表选民利益。政党存在的一个主要原因就是使得选民可免去研究问题之苦，选民把这项工作留给他们认同的政党，并由政党来界定他们的利益。因此，笔者认为，公民不是思考的机器，他们只是偶尔才思考的感觉的机器。[9]

不过仍然有超过20%的美国公民宣称自己是独立选民，有时会把票投给民主党，有时则会选择共和党。从这个角度来说，他们代表了一个民主社会里重要的投票群体，因为他们的选择能够影响到最后的当选结果。因此，笔者亦想进一步指出，一个政治体系中独立选民的人数越多，那么这个政治体系的民主程度就越高。

选民是否会从符合其自身最大利益的角度来投票？

收入水平较低的选民从社会救助计划中获益颇丰，但是他们并不 42
总是把选票投给民主党。最近一段时间，一些传统蓝色州（民主党占优势）正在转变成红色州（共和党占优势）。缅因州是全美居民收入最低的几个州之一，该州共和党州长极力反对福利政策，然而却一再当选。肯塔基州的居民收入也比较低，该州在奥巴马医改计划之下医疗补助覆盖率提升最多，却选出了一位誓言要取消医疗补助扩大计划的共和党州长。[10]

那么我们该如何理解这种选民违背其自身最大利益的投票行为？首先，很多收入水平较低的公民根本就不出来参加投票。他们或是很少关注或是根本不关注政治类新闻，也会觉得选民注册程序又费事又费时，还占用工作时间。其次，一些收入水平较低的公民虽然也投票，但是当他们发现民主党持反对宗教或者支持堕胎的观点时，他们便会以投票的方式来表示不满和抗议。他们也会目睹很多接受社会救助的人却滥用救助的现象，如他们熟知的一位常领食品券的人却在高档牛排餐厅大快朵颐，而一名残障人士却在优哉游哉地垂钓。接受了部分救助的人会瞧不起那些多吃多占的人，于是就会想和这个阶级划清界限。最后，也有人会认为共和党比民主党能创造和挽救更多的就业机会，从而带来更多经济增长。于是，摆在民主党人面前的重大挑战就是要加强在农业区域的竞选游说和宣传造势，使这些区域的公民相信民主党比共和党更能代表其利益，从而使其把选票投给民主党。

多数票是否总是会获胜？

另一个重要问题是多数票的意义到底是什么？一般来讲，某项提议如果获得过半数的有效票，则表明该提议获胜。然而，在一些特定场合，若想某项法案获得通过，则必须保证三分之二的有效票。这一标准明显台阶更高，也降低了法案通过的概率。同样的情形也发生在强制要求三分之二多数票才能算获胜的选区。偏保守的选民更倾向于使用三分之二多数票原则，因为他们不喜欢太多变化。**但是，这也意味着，即便是多数人都支持和欢迎的法案，占美国国会三分之一（或更多）的议员亦能够阻止该法案之通过。**

如果是按照“过半数即获胜”的原则来运作，那么少数群体的权益如何得到尊重和维护？民主政体必须保证少数群体也能享受与多数群体同样的权益，并获得公平对待。例如，一个基督徒占多数的社区投票反对在本区域建一座清真寺，基督徒不能强迫本社区的少数穆斯林改信基督教，但是穆斯林可以邀请基督徒参加协商讨论会聆听他们的意见。随着时间推移，穆斯林有可能争取到足够多基督徒的支持， 43
从而获准在该社区建清真寺。

如何使投票程序更有效？

当前，绝大多数的投票行为都在地方的投票站完成，在纸质选票上勾选候选人仍是当前最广为使用的方法。投票时间截止后，大规模仔细的计票工作便会随之展开。为提高投票和计票效率，很多人提议可以使用不同厂家制造的电子投票机器。但是，尽管电子投票机器有很多明显的优势，其适用范围仍然有限。首先，要安排专人向选民展示如何用机器进行电子投票。其次，很多投票站空间有限，安装不了很多电子投票机器，但如果用纸质选票则空间完全够用。最后，更重要的是，人们对这些机器的可靠性提出了质疑，即它们是否能防止篡改。2014年初，总统选举管理委员会（Presidential Commission on E-lection Administration）曾发布一份报告，对一些过时的投票机器存在的迫在眉睫的危险发出了警报。以下便是这些问题：

- 全国共有36个州购买的大部分机器都是在2006年以前的，

有 43 个州使用的系统早已不再生产了；

- 全国共有 28 个州使用的系统未经联邦选举协助委员会（Election Assistance Commission）的批准，因为这些系统是在该委员会的标准制定之前就已投入使用了；

- 一些老旧的机器经常性地出现系统崩溃和屏幕闪退情况，让选民操作到一半就退回到初始状态并丢失投票信息。

娜奥米·沃尔夫就反对所有的电子投票设备。她的建议包括但不限于以下举措：所有关于选举的程序都应该由人工来操作；禁止所有私营单位插手投票程序；取消在投票站验证州政府签发的身份证明的强制规定；在所有投票站安装视频监控设施来防止选民欺诈情况、监管选举工作人员行为以及跟踪统计投票率；建议政府将选举欺诈定为重罪，以入刑和高额罚金作为对累犯的惩罚手段；年龄超过 18 周岁的公民可以在任何一家邮政所进行选民登记；最后，希望联邦政府将选举日定为联邦假期，要求所有雇主保证员工的投票时间。很明显，沃尔夫是在呼吁一些州政府和市政府尽快审视和检讨其现行的投票制度，并做出相应调整，以使得更多公民能以更便捷的方式来行使投票权。[11]我们必须认清一个事实，那就是人是会失望的，选民们如果在投票过程中经历了负面的现象，或历时太久，或成本太高，那么今后的各种选举可能都不会再参加了。

44 当前最急需的改革，就是要简化投票流程，让选民更便利地行使投票权。为什么每 2 年所有人都必须在同一个星期二投票呢？从历史渊源来讲，确定星期二是投票日的时候，美国绝大部分地区仍处于农业社会阶段。在基督教传统里，星期日是安息日，基督徒要做礼拜；而在美国建国之初，很多城镇的集市都定在星期四，那一天很多人要去赶集。当时很多人去投票的来回路程都要花一天时间，星期二正好处在这两个时间点之间，于是就被定为投票日。鉴于总统大选每 4 年一次，且投票日定在 11 月首个星期一之后的星期二，于是很多人都建议这个特殊的星期二应该被定为全国性节假日，这样很多选民就不用冒着减薪的危险去投票。很多人认为，周末多数人不用工作，应该是更恰当的投票时间。如果从星期六下午 2 点到星期天下午 6 点都算作投票时间，那么也不会影响到基督徒的礼拜。还有人认为投票站应该设在像沃尔玛（Walmart）或好士多（Costco）这样的大型超市，或是大型体育场馆，因为这些地方有充足的停车位。为了鼓励更多人来投票，更有人提议应该给选民发放彩票，而中奖者必须出示已投票证明方能申领奖励。

当前我们正生活在一个数字化时代，信息的传递和接收都是实时的，可是为何我们还在要求选民在工作日请假专程跑一趟投票站，排长队去做选民登记，领取选票，在私密投票桌前勾选候选人，将选票投入票箱才算完成整个投票程序？为何不能允许选民在自己方便的时间和地点投票呢？选民可以提前获得选票，并可以选择将选票寄回。如今，全美 50 个州有 27 个州和联邦政府所在的华盛顿特区允许选民以邮寄方式投票。选票会在投票日数周前寄到选民手中，选民勾选完直接寄回即可。以电邮方式获取选票，选完后寄回也是可以的。所以说，在数字化时代，为何要把选举限定在特定时间和特定地点举行呢？

即便是选民登记程序也有很大的提升空间。例如，当在校学生年满 17 周岁时，他们会被提醒要进行提前登记，这样在年满 18 周岁时就可以直接投票了。又如，年轻人申领机动车驾驶证的时候，可以同时自动完成选民登记程序。所有这些都可以引导更多选民去参加每 2 年举行一次的选举。

以上分析，一言以蔽之，就是政府有必要改革选举程序，以扩大提前投票、不在场投票（absentee voting）以及当日选民登记（same-day registration）等机制的适用范围。

谁能成为候选人以及如何才能当选?

在任何一个民主社会，都有人会选择从政。他们会去竞选公职，
45 如市长、州长、国会众议员、国会参议员等。或许他们认为自己有很好的理念和想法，可以使政府更好地为更多人民服务；或许他们仅仅是把从政看作个人捞取权力、名誉和财富的重要机遇。

很少有候选人选择以不隶属任何政党的独立参选者身份参与角逐。政党实际上为候选人提供了一种身份认同，一种信仰者和追随者，以及稳定的竞选资金来源。当然，某君即便是加入了某个政党也不意味着该政党必然会支持他（或她）成为候选人，因为某君可能只是竞争某个特定公职的众多角逐者之一。如果只有某君一人竞选该公职，则他（或她）很容易就被确定为候选人。但如果同一阵营内部有多人想竞争该职位，那某君就必须极力给党内成员和选民留下深刻印象，从而在党内胜出。2016 年的总统大选，共和党方面有超过 16 位政客表示有意参选。

美国的政党制度是两党制，分别是民主党与共和党。前者更偏向于工人阶级，后者则更倾向于代表富人和商业利益。这种左翼和右翼之分的情况在其他国家都存在，但多数国家政坛上不止两个政党在运作。例如，在法国，就有社会党、绿党、左翼党、左翼激进党、人民运动联盟、新中间党、国民阵线（2018 年更名为国民联盟。——译者注）等不同政党。这就意味着在通常情况下候选人在自己代表的政党

和其他政党之间要形成联盟，常见的比较稳定的政党联盟是中左联盟和中右联盟。

美国有时候也会出现两大党以外的第三党，例如，诺曼·托马斯（Norman Thomas）领导的社会党（Socialist Party），老罗斯福（Teddy Roosevelt）领导的公鹿党（Bull-Moose Party），南北战争后的绿背纸币党（Greenback Party），以及禁酒党（Prohibition Party）。2012 年，罗伯特·戴维·斯蒂尔（Robert David Steele）代表改革党（Reform Party）角逐总统大选，宣称其目的就是要“克服两党制带来的专横”。尽管他试图吸引一众小党来参加他组织的“人民改革联盟”（People Reform Coalition），但每个小党都不希望牺牲自己的个性去奉承他人。比较合乎情理的情况是，绝大多数的第三党最后都将消失于人海；而当两大党政策趋同，独立候选人为竞选而成立独立政党的时候，它们便会卷土重来。[12]实质上，所有在政治上富有积极性的人都会选择加入两大党之一并努力进取以积攒政治资本，他们中大多数是律师，也有一些成功的商界精英，偶尔也会有医生或学者。

候选人要经过一系列过程才能具备当选条件。首先，候选人需要获得家人、朋友以及所属政党的支持。其次，一个巨大挑战就是要筹募足够多的资金来支撑一系列繁杂的竞选工作，如打印宣传手册和海报，拍摄和投放广告，安排全国巡回演说以宣传竞选纲领，以及让全国选民认识并接受自己。最后，另外一个挑战就是要形成一套自己的 46
强有力的竞选理念，在党内击败竞争同一职位的其他候选人，因此候选人就需要在党内初选中赢得足够多的签名。随后，候选人就要代表提名他的政党与另一政党提名的候选人一决高下。这就需要筹募更多资金，以及重新调整竞选理念和纲领，面向范围更广的投票群体去宣传自己。选民在两个政党提名的候选人中做选择，最终获胜者还必须证明自己具备胜任该职位的能力。

政党要在众多候选人中挑选最佳人选

政党推举候选人面临着以下两种不同情况：或者能找到令政党高层满意且其本人也有参选意愿的人做候选人，或者就必须在众多角逐者中进行选拔。在第一种情况下，政党需要发现并推举能力出众者参与竞选，但是能力出众者往往又不太愿意来竞选公职。例如，跨国大企业的首席执行官年薪可高达 1 000 万美元，试问他们又怎么会愿意放弃这个高薪，去竞选年薪只有 40 万美元的美国总统一职，而且要经受媒体的刨根问底和反对党的恶语中伤呢？如果他们同意参选，那他们也会提出参选条件。这就意味着，政党提名的候选人或许会和政党本身在某些特定问题上的立场有差异。

试想共和党请纽约市前市长迈克尔·布隆伯格（Michael Bloomberg）出山担任总统候选人，毫无疑问，布隆伯格很有公众缘，但是他却反对共和党在控枪和移民等问题上的立场。在共和党内初选中，他就有可能无法得到很多更极端的共和党人的支持。因此政党就需要权衡，它们交给公众选择的到底是更忠诚于政党但级别却比较低的候选人，还是更有实力但相对独立的候选人。在过去，当政党在远离公众视野的烟雾缭绕的密室里决定候选人时，那时的它们是真有权力，而现在则完全不同了。

而当有太多人参与党内初选竞争的时候，对政党来讲这也是个问题。例如，2016 年总统大选，共和党阵营有 17 人宣布参与竞选。这是历史上从未发生过的现象，至少说明共和党没有很明确的胜者或领袖人物。如果党内能有一个领袖人物的话，也不会有这么多人宣布参选。

参与角逐的人数多说明了以下问题：

- 首先，这些候选人很显然在很多问题上都意见相左、各执一词，这就导致公众很疑惑，以至于无法厘清该政党对很多重要问题是否有清晰和明确的立场。最终，候选人之间只能恶语相向、相互诽谤，只是希望多分一些“选票份额”。 47

- 其次，政党也无法掌控候选人宣布参选与否。例如，在 2016 年，许多共和党人为唐纳德·特朗普成为候选人而感到窘迫万分，尤其是对特朗普针对墨西哥人、穆斯林群体和女性群体的攻击。更令人局促不安的是，每一次精心设计制作的攻击都会巩固并扩大特朗普的支持率，因此共和党内有人称特朗普为“破碎球”（wrecking ball）。但是无论现实如何，共和党也不能令其退出选举；因为如果共和党选择这样做，特朗普会立即成立“第三党”来组织竞选，这会使共和党赢得 2016 年大选变得更加渺茫。

- 最后，政党必须选择一种公平的方式，让候选人表达其自己的竞选纲领。在 2016 年，共和党为党内得票率前十的候选人组织了一场大的辩论会，而为得票率排位靠后的六位候选人组织了一场较小的辩论会。福克斯电视台的三位主持人为参加辩论的候选人都准备了不同的问题。[13] 随后，共和党组织了多次辩论会，从而对候选人进行进一步的筛选。

对选民来说，想要弄清楚谁能成为最佳的总统候选人，着实是一件难事。如果我们去观察年轻时候的丘吉尔或林肯，我们有可能知道他们将会成长为有超凡魅力的、有效率的领袖吗？什么样的素质才能造就领袖？他们能成为领袖是因为身处艰难时刻吗？我们至少应该去寻找和发现特定的素质，如睿智、诚实、荣誉感、利他、不屈不挠等。

我们既希望看到高尚优秀的品质，也希望看到精明老练的能力。

◈ 成功获得提名的候选人如何当选？

在每次总统大选时，已获得政党提名的候选人将进行全国巡回竞选，与基层选民见面、发表演说、参与活动、宣传政纲、做出承诺。依照传统，两党候选人最先开始进行竞选的地方是艾奥瓦州和新罕布什尔州。这个顺序是由政党决定的，如果要改变这个顺序，需要非常坚定的力量才能实现。艾奥瓦州并不是一个很具有代表性的州，其98%的居民是白人，而且绝大多数人口居住在农村地区。佐治亚州相比而言具有很好的代表性，或许可以作为竞选活动的起点。新罕布什尔州的入选主要是因为该州面积很小，候选人可以很轻易地就完成在该州的初选活动。

每位候选人都会在各州设置若干个竞选办公室，尽可能多地巡回各地。竞选团队的工作人员负责安排场地和吸引观众，为竞选活动造
48 势。在 2016 年大选的竞选阶段，候选人特德·克鲁兹（Ted Cruz）就宣称他走遍了艾奥瓦州的每个角落。竞选日期确定后，投票选举活动将以党团预选会（caucus）或初选的形式展开。艾奥瓦州就是通过党团预选会形式组织投票的。政党的登记党员组成一个小的党团，一个选区（precinct）一个选区地进行走访，组织讨论会，并分成小组去做选民工作，暗示选民要把选票投给他们支持的候选人。而新罕布什尔州则是通过初选制度来组织投票。所有注册在籍的党员都要通过选票方式来选择他们支持的候选人。计票活动旋即展开，每位候选人在每个选区的得票详情将会被汇报给政党的州委员会。第二天一早，该州投票结果就会揭晓，哪位候选人胜出便一目了然。

在剩下的各州，有的会采取党团预选会，有的会采用初选制度。这样也就决定了在当年夏天召开的政党全国代表大会上，各州选派的支持不同候选人的党代表的数额。例如，在民主党全国代表大会上，各州支持不同候选人的党代表的比例，要根据该候选人在该州初选或党团预选会的选票结果来确定。然而，共和党全国代表大会允许各州自行选择“赢者通吃”（winner-takes-all）制或比例代表制来分配确定党代表名额。最终，在两党各自的全国代表大会上，各候选人的得票将决定谁将获得提名为总统候选人。

在两党确定了总统候选人后，两党还将会组织一系列的全国电视辩论会，使全国选民更进一步地了解候选人的背景和理念，从而便于其做出选择。在 2016 年 11 月 8 日，即当年的大选日，选民将选出美国的新一任总统。

媒体在影响选民选择时不断变化的角色

在我们进入数字时代以前，绝大多数公民通过三大广播电视网——美国广播公司（ABC）、哥伦比亚广播公司（CBC）、全国广播公司（NBC）——来获取新闻。这些媒体的收入主要是广告收入，而广告客户不希望媒体平台有党派偏见，因为他们不在乎自己的货物是卖给了民主党人还是共和党人。因此，媒体平台最本质的任务就是提供相对客观的信息给全国民众，而不是只为特定利益集团说话。

至于地方性报纸，它们都提供相同的新闻报道，但是具体到每条消息该如何去呈现却有着不同的倾向。《纽约时报》的立场更加偏自由主义，《华尔街日报》和《芝加哥论坛报》（*The Chicago Tribune*）的立场则更加偏保守主义。而像《时代周刊》（*Time*）和《新闻周刊》

（*Newsweek*）这样的杂志大体上持不偏不倚的立场，如果读者想读一些偏自由主义或者偏保守主义的杂志文章，也总能找到这些类型的杂志。

如今的选民拥有着数千种线上线下的获取信息和观点的渠道。持保守主义立场的选民会选择看福克斯（Fox）新闻网，持自由主义立场的选民会选择看微软全国广播公司（MSNBC）新闻网。毋庸置疑，二者都是带有党派偏见的信息和观点。当前，保守主义立场的福克斯新闻网和电视台拥有的用户比上述三大广播电视网加起来还要多。选民越来越选择去阅读和收听那些迎合和契合他们政治偏好的信息和观点。于是，随着时间的变迁，选民变得越来越部落化，无法获知和理解其他部落的信息和观点。而国家随之变得越来越分裂，这不仅体现在全国层面，也体现在州、市甚至社区层面。

很多报道事实上是不真实的，但是却被有党派偏见者深信不疑。例如有消息报道称计划生育机构售卖流产的婴儿肉体，然而即便有专门查明真相的机构来证明说这是明显的假新闻，绝大多数人仍然罔顾事实，选择相信假新闻。美国现在越来越缺乏一个受过良好教育且共享共同命运的公民群体，却充斥着活在不同版本真理中的众多部落。

金钱在影响竞选活动时不断变化的角色

如今美国的各类选举所耗费的金钱数额大得惊人。科克兄弟就直接宣布他们计划耗资近 9 亿美元来影响 2016 年的竞选。想象一下，如果科克兄弟突然间顿悟真理，决定将上述资金用于资助教育改革并降低学生贷款成本，那将会是什么景象。如果花在各类选举上的数百亿资金被用以支持其他任何社会事业，整个国家将会更好，而捐资者也会对他们的所作所为而感到理所应当的骄傲和自豪，一如安德鲁·卡内基（Andrew Carnegie）、洛克菲勒家族（the Rockefellers）、福特家族（the Fords）对他们曾为改善美国人民的生活做过的卓越贡献而感到骄傲和自豪。

希拉里·克林顿（Hilary Cliton）在她的总统竞选演讲中曾明确表示："如果当选，我将尽一切所能来任命那些保护选民投票权**而不是保护亿万富翁花钱购买选举**的人担任最高法院法官。"一个名为"动议修正案"（Move to Amend）的活跃组织一直在致力于推翻联邦最高法院在"公民联合会"一案中做出的臭名昭著的决定，它宣称：

> 现今的大型企业不只是享有了政治权力——它们本身已经变成了事实上的统治机器。超级富豪以及那些未经选举且不接受问责的企业领导人，事实上在决定着这个国家根本的公共政策。他 50
> 们决定着我们的空气和水中所含毒素的水平，决定着我们从事什么样的工作以及获得多少收入，决定着我们能获得的医疗水平，决定着我们国家实施什么样的能源政策。"我们人民"只能像在杂货铺里选可口可乐还是百事可乐或是选纸杯还是塑料杯一样进行二选一。公民被当成消费者或工人，却极少被视作有权决定我们社会应该如何管理及如何运作的拥有主权的人。[14]

在 2014 年，候选人、政党、政治行动委员会以及其他一些能影响选举的非营利组织花费了近 50 亿美元在竞选和选举活动中。其中，约 20％的捐赠来自隐秘的金主，他们通过超级政治行动委员会和特别利益组织来接受企业、工会、美国境内外富豪的金钱。预计在 2016 年，这一数额将达到近 100 亿美元。

美国竞选资金简史

我们需要简单回顾一下美国竞选资金的发展简史，才能理解我们是如何走到今天这一滑稽、荒诞、畸形的状况的。罗杰·伯科威茨（Roger Berkowitz）教授通过仔细研究，把美国建国以来的竞选资金发展史和改革史归纳为以下七个阶段（第八个阶段为笔者添加）：

1. 第一个阶段是在 1787 年制宪会议期间，那时的腐败是最令人担心的问题。美国的建国之父们不希望立法机关的议员在任时同时担任行政公职，也不希望他们利用手中职权为自己或朋友谋利。同时，他们还把国会众议员任期限定在 2 年，以避免他们和行政分支形成强大的联盟。

51 2. 第二个阶段是从宪法颁布到安德鲁·杰克逊 1828 年当选总统之间，这一时期的候选人都是自掏腰包负担选举费用，包括印刷宣传小册子和在群众性集会上提供食物饮品等费用。候选人大多来自富裕家庭，而且目标在于获得白人男性有产者的选票。

3. 第三个阶段始于 1828 年杰克逊当选总统，他是第一位在竞选时直面选民而不仅仅取悦党内精英的政治家。这就需要一大笔竞选经费，杰克逊就向那些希望在新政府中谋得一职的人募集资金。这就是“政治分赃制”（political spoil system）的开端，通过这一制度安排，现任的和未来的政府官员为竞选提供了大量资金。

4. 第四个阶段包括上述政治分赃制大行其道的时期，一直到 1883 年《彭德尔顿法案》（Pendleton Act）的通过，该法案明确以联邦公务员制度（Federal Civil Service）取代分赃制，即所有公务人员必须通过考试选拔才能获得政府职位。政治分赃制被废止后，政客们就需要找寻新的资金来源，于是他们开始向富裕阶层和大企业求助。于是，企业捐资赞助选举的时代旋即开始，利用这一优势，各类企业开始向国会和选民施加影响。

5. 第五个阶段始于《彭德尔顿法案》，其中还包括老罗斯福总统推动国会于 1907 年通过《蒂尔曼法案》（Tilman Act），这是第一部规范总统竞选资助的法案，它明确禁止公司企业团体和银行机构直接向总统候选人捐款。《蒂尔曼法案》还规定了对违反上述条款的惩罚措施，但是却没有明确执法细则，所以大量违法行为和政治丑闻层出不穷。

6. 第六个阶段包括 1974 年通过的《联邦选举竞选法》（Federal Election Campaign Act，FECA），主要是缘于尼克松“水门事件”的爆发，该法案对政治献金做出了严格规定。具体而言，捐赠者个人直接给候选人个人的资金额度上限为 1 000 美元，政治行动委员会直接给候选人个人的资金额度上限为 5 000 美元。该法案还限定了候选人在单次竞选活动中支出经费的上限，建立了竞选的公共财政制度（public financing of campaign）要求候选人自愿限制每次竞选的花销。该法案还要求候选人、政党、政治行动委员会以及参与明确宣传（express advocacy）的各类组织主动公开资金收支账目。该法案最重要的一个成就便是于 1975 年成立了联邦选举委员会（Federal Election Commission）来规范竞选行为和执行上述新规定。1976 年，联邦最高法院在“巴克利诉瓦莱奥”（*Buckley vs Valeo*）一案中的裁决，废除了对候选人个人和政治行动委员会及其他组织经费支出的强制性限制。最高法院既要认可和保护个人和企业的言论自由权，又得承认大额度的政治献金就是一种回报式腐败行为（*quid pro quo* corruption）。法院裁定，未与特定候选人相挂钩的一般性支出是合法的，这就使得捐给政党和其他组织的经费可不受上述捐赠者个人给候选人个人的经费额度限制。政治行动委员会就能使用大量“软钱”（soft money）（用于州和地方选举的“非联邦资金”。——译者注）间接对选举活动施加影响，但这些经费仍然不能直接给候选人个人。通过这一模式，在2001—2002年的选举周期，民主党与共和党分别获得了2亿美元与4.21亿美元的巨额政治献金。

7. 在第七个阶段中，国会再次试图限制如雪崩一般的资金流入。2002年国会通过了《两党竞选资金改革法案》（Bi-Partisan Campaign Reform Act，BCRA），又称《麦凯恩-范戈尔德法案》（McCain-Feingold Act）。该法案禁止企业和工会以“软钱”模式进行无限制的政治献金捐赠。然而，仅仅过了8年，2010年，联邦最高法院在“公民联合会”一案中裁决认定“公司也和个人一样享有言论自由”，从而取消了上述禁令，于是不受限制的“软钱”又开始大量流入。安东尼·肯尼迪（Anthony Kennedy）大法官认为，企业和工会这样的团体，也应该享有受美国宪法第1条修正案保护的参与政治言论之自由，而法律则不应该压制代表经济生活的重要组成部分发声。他的观点也呼应了著名法学家费利克斯·弗兰克福特（Felix Frankfurter）曾经的观点，即“基于集团利益之观点的表达，向来就是我们民主和立法过程的重要组成部分”。然而，随后由《华盛顿邮报》和美国广播公司联合组织的一次民意调查则发现，80%的美国人反对最高法院在该案件中的裁决。名为“动议修正案”的跨党派基层组织旋即被建立，它的目的是获得大众支持以谋求修宪，从而在以下两个重要概念上形成新的认识：(1) 企业不是个人，因而就没有所谓的不可剥夺的权利；(2) 花费大量金钱来影响选举也根本不是受宪法第 1 条修正案所保护的政治言论。[15]

8. 2014 年 4 月，联邦最高法院以 5 比 4 的结果裁定，限制捐赠人捐给候选人或政党委员会的经费总额度，乃是违反宪法第 1 条修正案的。结果，本来要规范竞选资金往来的法律，却被联邦最高法院以 5 比 4 的微弱优势宣布，所有针对竞选花销额度的限制均为违宪。于是，众多团体强烈呼吁美国证券交易委员会 (SEC) 主席玛丽・乔・怀特 (Mary Jo White) 要求所有企业必须向股东披露各自企业的政治献金的数量，但怀特一直拒绝。因此，“黑金” (dark money) 持续流向政治行动委员会和超级政治行动委员会，而公民却对隐藏在幕后的金主一无所知。

如今，一位有志向的候选人需要筹募巨额资金来负担初选的开销，而一旦该候选人被政党正式提名为总统候选人，则需要更多资金来支持后续竞选。根据时事评论员伊丽莎白・德鲁（Elizabeth Drew）的研究，候选人要想认真参加和组织竞选，至少需要具备以下三个条件：(1) 有一位欣赏候选人且愿意资助其竞选的亿万富翁；(2) 有一个超级政治行动委员会，对外宣称是独立的政治行动委员会，时刻准备接受大量需要公布收支记录的“硬钱”(hard money)（个人或团体直接向竞选联邦职务的候选人提供的捐助。——译者注）；(3) 有一个专以促进社会福利为目的的非营利组织。而这最后一个组织正是用来接受“软钱”(也称“黑金”）的，因为通过这一渠道捐资者的姓名无须被公布。[16]甚至一些国外资金，在隐去捐资者姓名的情况下，也有可能大量流入政治行动委员会和超级政治行动委员会。

超级政治行动委员会收到的经费会被用以聘请律师、研究人员、演讲稿写手，支付包机、豪华酒店套间费用，以及其他杂项。刚开始竞选生涯的新人往往会面临极其不利的环境，因为他们面对的是资源丰富的老政治家和拥有近乎无限资金的竞选老手。

影响 2012 年和 2016 年两次总统大选的亿万富翁包括但不限于以下几位：里克·桑托勒姆（Rick Santorum，又译“李三多”）背后的支持者是亿万富翁福斯特·弗里斯（Foster Friess），纽特·金格里奇（Newt Gingrich）背后的支持者是谢尔登·阿德尔森，来自威斯康星州的斯科特·沃克背后的支持者是著名的科克兄弟，特德·克鲁兹背后
53 的支持者是罗伯特·默瑟（Robert Mercer），马科·鲁比奥背后的支持者是诺曼·布拉曼（Norman Braman）。其中最后提到的这位来自佛罗里达州的富豪布拉曼，表示准备投入 1 000 万美元或更多来支持鲁比奥在 2016 年角逐总统宝座。试想一下，上述这些候选人在论及那些可能影响其支持者的立法时，能够做到不偏不倚吗？毫无疑问，这些富豪支持者期待着各自支持的候选人站在他们的立场上行事，即便这样会与公众利益产生严重冲突。试问，以“一人一票”来定义的民主去了哪里？我们到底是生活在一个民主政体之中还是一个富豪政体（plutocracy）之中？

◈ 针对竞选资金改革的提议有哪些？

这里面涉及几个问题。首先，是否有必要给每位捐资者支持特定候选人的经费设置额度限制？假设对捐资者的政治献金有一定的限制

会更好，那么这个限制又应该是多少呢？

其次，是否应该把企业也同样看作个人，以及企业捐资的额度又该是多少？某些股东是反对企业向外进行政治捐助的，这样就更得让我们想一想是否能把企业看作个人这一问题。

再次，是否应该公开披露支持候选人的所有捐资人姓名？如果答案是“应该”，那么捐资人数量会迅速回落，而候选人当然不会喜欢这个结果。所以，这个问题就应该是，公民是否应该知道谁的言论自由在支持着谁。

最后，是否应该给“软钱”设置额度限制，这些经费理论上本应该用于推动社会福利事业，但事实上却通常专门用以支持某一政党及某些候选人。当前，在自由表达观点和暗示支持某个特定候选人之间存在一个非常大的模糊空间。例如，2015 年 11 月，《纽约时报》报道，参议员马科·鲁比奥的电视广告总花费是 550 万美元，这笔经费全部来自一位秘密捐资者，经由免税的“社会福利”超级政治行动委员会而来，然而这种超级政治行动委员会按规定则不能将经费用以支持特定候选人个人。事实上，美国的国税局和联邦选举委员会对此事也保持了缄默。[17]

以下是当前美国法律针对捐资者支持候选人和竞选活动的限制性条款：

- 每位捐资者在一个竞选周期中可给每个候选人不超过 2 700 美元的捐资；
- 每位捐资者在一个竞选周期中可给每个政治行动委员会不超过 5 000 美元的捐资；
- 每位捐资者在一年中可给一个政党不超过 33 400 美元的

捐资；

- 每位捐资者（不论个人或企业）在一个竞选周期中可给一个超级政治行动委员会进行无限额的捐资且其姓名不必公开；
- 每位捐资者（不论个人或企业）可给一个社会福利组织进行无限额的捐资且其姓名不必公开。

54 很明显，富裕的个人捐资者和企业可以通过各种不同方式把资金捐给它们各自所支持的候选人和政党。也有很多有识之士曾经提议要对竞选活动的开销进行限制。其中一种极端情况就是，强制要求所有候选人必须申请公共基金来支持其竞选活动，前提条件是他们能够征集到足够多的签名来支持他们成为候选人。在提交申请后，所有候选人将获得同样数量的竞选资金，以及他们不得接受来自其他个人捐资者、企业、工会、非营利组织的额外捐助。

最强烈提倡进行竞选资金改革的是哈佛大学法学院教授劳伦斯·莱西格（Laurence Lessig），他曾出版《失败的理想国：金钱如何腐蚀国会——以及阻止它的计划》（*Republic, Lost: How Money Corrupts Congress—and a Plan to Stop it*）一书来详细阐述自己的观点。早先，莱西格教授呼吁应该召开一次全新的制宪大会，后来因为这一观点饱受攻击而退而求其次。他随后创立了一个名叫“呼救”（Mayday）的超级政治行动委员会，用“以子之矛攻子之盾”的方法，筹募资金来抗衡其他超级政治行动委员会。他利用自己的这个超级政治行动委员会来支持那些致力于推动竞选资金改革的候选人，他动员自己的追随者都来支持这些候选人，而反对那些不支持竞选资金改革的人。

布伦南正义中心（Brennan Center for Justice）是另一个积极倡议竞选资金改革的组织，它曾提议由现任总统签发行政命令，要求所有政府承包商公布其政治献金的账目。这样至少可以让他们的支持公开化，并有希望减少政治献金的规模。布伦南正义中心的最终目的是希望联邦最高法院摆脱“将金钱等同于言论自由”这一错误观点，并撤销“公民联合会”一案的裁决。

美国前总统吉米·卡特（Jimmy Carter）在听闻 2010 年“公民联合会”一案的裁决后就曾表示，“这是联邦最高法院有史以来最愚蠢的决定”。他还说，这将把美国变成一个有钱的精英阶层享有一切权力的“寡头政体”（oligarchy），会“把美国的政治体制彻底颠覆成一个为政治献金提供收益的体制，最终将充斥着各种政治贿赂”。卡特说，这样的状况也将适用于州长和国会参众两院的议员们。他的这种严厉谴责也得到了希拉里·克林顿和联邦最高法院露丝·金斯伯格（Ruth Ginsburg）大法官的响应和支持。[18]

布伦南正义中心一直呼吁应该撤销“公民联合会”一案的裁决，不应该再允许企业和工会给候选人和政党进行无额度限制的捐资。此外，应该允许个人纳税人在自己的第一笔税金中划出 200 美元来支持某位候选人。这种所谓“民主退税”（tax rebate for democracy）会在小额捐资基础上形成数额可观的资金，特定候选人获得这种捐资后，就可以避免再依赖富豪的钱参加选举。[19]

另一项提议是，在选举日前 30 天以内的这段时间，候选人将被限 55
制在电视和其他媒体上投钱进行集中的广告轰炸。例如，在英国，竞选周期被压缩在较短的时间内，因为人们相信候选人在相对更短的时间内就可以把基本理念和竞选纲领传递给公众；这远远好于美国现行的做法，即候选人要劳心费力地从上次选举结束一直忙到两年后下次选举开始。

明尼苏达大学法学院教授理查德·潘特（Richard Painter）认为，

即便是保守主义者也能从限制大钱（big money）对选举的影响中获益，理由如下：

● 大钱就会产生大政府，而保守主义者对此正深恶痛绝。竞选中的政治献金也会带来一些不切实际且浪费资源的项目，诸如“毫无用处的大桥、军队不需要的装备、将政府资金亏空殆尽的太阳能公司、以获利为目的却不从事教育的学校”等等。

● 竞选中的政治献金会带来更多的监管和约束，而保守主义者显然不会喜欢。受政府监管和规约的公司（如银行、医保、能源等行业）成为最重要的捐资者，就是希望它们出的钱能够改变既定的监管规则，但是这种愿望也往往无法实现。而政客们则利用这种心理，从上述行业捞取资金，而最终的监管规则却也丝毫不会减少。

● 关注其他议题的保守主义者（如反对堕胎、反对赌博、反对色情等）几乎筹募不到经费，其观点也很难被公众听到，主要就是因为几乎所有的政治献金和媒体都被引导至其他议题上。

● 外国利益也有可能随着大钱的渗入，通过支持中意的候选人来影响美国政治。美国人民不再是唯一能够影响到选举结果的力量。[20]

获得最多普选票的候选人能否当选总统?

在总统大选的正式投票阶段，我们大概都会认为两位候选人中谁获得的普选票最多，谁就能最终获胜成为新一任总统。然而，在美国建国以来的57次总统大选中，有4次就出现了获得最多普选票数的候选人却没能最终获胜的情况，具体详情如下：[21]

● 在 1824 年总统大选中，安德鲁·杰克逊虽然赢得了多数的普选票，但是其选举人团的选票却未过半数（即便这个票数他也领先）。约翰·昆西·亚当斯（John Quincy Adams）最终当选，但他并不是得票最多的。根据美国宪法第 12 条修正案，只有候选人赢得绝对多数的选举人团票才可以当选，但当时四位候选人没有一人票数过半，所以最终交付众议院裁决。亚当斯最终经这一程序当选总统。

● 在 1876 年总统大选中，塞缪尔·蒂尔登（Samuel Tilden）赢得了多数的普选票。然而在选举人团投票中蒂尔登只获得了 184 票，对手拉瑟福德·B. 海斯（Rutherford B. Hayes）则获得了 185 票，后者以一票微弱优势当选总统。

● 在 1888 年总统大选中，格罗弗·克利夫兰（Grover Cleveland）赢得了多数的普选票。然而在选举人团投票中他只获得了 168 票，对手本杰明·哈里森（Benjamin Harrison）则获得了 233 票。哈里森最终当选总统。

● 在 2000 年总统大选中，阿尔·戈尔（Al Gore）赢得了多数 56
的普选票，却最终败给了乔治·布什。这场近代以来最具争议性的选举最终闹到美国联邦最高法院，而最高法院以 5 比 4 的结果决定禁止在佛罗里达州进行任何选票重新清点工作。这样，小布什就获得了该州 25 张选举人票，最终以 271 票比 255 票的优势当选总统。

获得多数普选票的候选人并不必然就能最终当选总统，乃是因为美国大选中的选举人团投票制度（Electoral College voting system）。依据美国宪法规定，各州有全权来决定如何分配选举人票。在某些州，州法律还规定该州所有的选举人票都必须投给在该州获得最多普选票的候选人（当然，不按照这个规矩投票的人，其法律惩处也不是很严重）。那么，这就意味着那些未投给普选票数最高的候选人的选举人票，将不被计入最终票数。

我们来举例说明。杰布·布什有意参加 2016 年总统大选，在他的问鼎之路上有两个关键地区，即佛罗里达州和俄亥俄州。这两个州采取的就是上文提及的那种制度，即普选票数最高的候选人将获得该州全部选举人票。杰布·布什对于赢取佛罗里达州的支持自信满满，因为他曾经担任过佛罗里达州州长，而且在任时还颇受人尊敬。为了确保在俄亥俄州也有同样的结果，他提议邀请时任俄亥俄州州长的约翰·卡西奇（John Kasich）担任竞选伙伴。殊不知，后来有消息报道约翰·卡西奇自己也想竞选总统，上述计划遂作罢。

针对这样的情况，一部名为《全国普选票法》（National Popular Vote Bill）的法案被提出，支持该法案的人认为，应该认定在全国 50 个州（包括华盛顿特区）获得最高普选票数的候选人当选总统。该法案如果想通过立法程序最终成为正式法律，则需要获得选举人票中绝对多数的支持，即获得全部 538 张选举人票中的 270 张（与当选总统的规则一致）。事实上，这个法案已经在全美 11 个地区获得了 165 张选举人票的支持，已经占了半数选举人票 270 张的 61%。人口规模较大的州中的投票情况将对总统大选结果产生重要影响，这也就意味着候选人会花费绝大多数的经费和时间在加利福尼亚州、得克萨斯州、纽约州、佛罗里达州这四个人口最多的地区进行面对面的竞争。如果获得足够多数量的州的批准，上述法案就会改变当前的这一竞选态势，即几乎所有的候选人都把竞选工作集中在俄亥俄州、佛罗里达州、弗吉尼亚州、艾奥瓦州这四个州。同时，他们都相对而言忽视投票结果不会发生根本性变化的其他州（换言之，不是你的传统票仓，花多少力气都没用；是你的传统票仓，不用花太多力气也能拿下）。上述法案目前已经在 22 个州获得了州议会的通过（有的州是两院制，有的州是一院制，因此目前共计有 33 个州级立法机构通过了该法案）。一旦获得足够多数量的州的批准，公民期待的情形就会出现，即获得多数普选票的候选人将最终成为总统。[22] 在现行体制下，在政党的全国代表大会上，每个州的委员会都要明确表示："（例如）俄克拉何马州将所有的票投给米特·罗姆尼（Mitt Romney）"，而上述法案如果顺利通过成为正式法律，那每个州的选举人将可以在竞争者之间做出选择，从而在政党的全国代表大会上声明多少票投给米特·罗姆尼、多少票投给贝拉克·奥巴马。该法案的最终结果，就是选举人和选举人团制度的相继取消。

那么"赢者通吃"的制度安排是建立代议制政府的最优途径吗？

在美国，国会参众两院议员的选举是通过一种名为"赢者通吃"（winner-takes-all）的制度来完成的。全国划分为若干选区，每个选区只有 1 个议员席位，候选人在各自所在选区只要获得相对多数票（plurality majority）即可被视为获胜。除此之外，另外一种广为使用的选举制度称作"比例代表制"（proportional representative system）。目前西欧 28 个国家中有 21 个国家都采用这种制度来产生自己的代议制政府。 57

在比例代表制之下，各选区有多个议员席位以供各政党竞争，而不是像上述"赢者通吃"制度下的单一议席选区。选举结束后，各个政党在立法机关中所赢得席位的数量，要依据它们在该次普选中的得票比率来分配。假设某选区共设有10个席位，如果共和党赢得了普选票的50%，则共和党分得其中的5个议席；如果民主党赢得了普选票的40%，则民主党分得其中的4个议席；如果第三党赢得了普选票的10%，那么该党就分得那剩下的1个议席。比例代表制的运行还需要其他相关制度安排的支撑，然而无论怎样，比例代表制都能够“更加准确的反映政党强弱，使得政治和种族上的少数群体获得更充分的代表，选票更少被浪费，可提升更高的选民投票率，使女性获得更多更好的代表，更好地体现出多数决原则，以及逐步消除格里蝾螈选区划分制的不良影响”。[23]

国会议员的薪酬水平该如何规定？

这个问题实际上应该这样问：鉴于国会议员如此糟糕的工作业绩，他们的薪酬是否远远超出了他们拥有的水平？经过详细调查，当前国会议员薪酬水平情况如下：

- 国会参众两院普通议员　　年薪17.4万美元（终身）
- 国会众议院议长　　年薪22.35万美元（终身）
- 国会多数党和少数党领袖　　年薪19.34万美元（终身）

请读者将上述薪资与下列情况进行一番对比：

- 普通教师的平均工资　　年薪4.006 5万美元
- 驻外美国大兵的平均工资　　年薪3.8万美元

这种现状使得沃伦·巴菲特（Warren Buffet）及其团队在2014年提出了一项“国会改革法案”的动议：

● 国会议员只有在任的时候才能有工资，离职后则不能支领工资。没有终身任职，也没有退休金。

● 国会议员要像普通公民一样加入社会保障体系。

● 国会议员可以像所有美国人一样购买自己的退休养老计划。

● 国会议员将不能再投票同意给自己加薪，如果加薪也将以 58
低于 CPI 或 3%的较低值增长。

● 国会议员将失去他们目前的医疗保健体系，并参与和美国人民相同的医疗保健系统。

● 国会议员必须平等地遵守他们为美国人民所制定的所有法律，没有特殊的豁免或待遇。

● 与过去和现任的国会议员签订的所有合同都是无效的，从 2014 年 12 月 31 日起生效。

担任国会议员是一种荣誉，而不是一个职业。上述提议的目的就是要促使美国公民去思考他们到底期待国会议员能带来何种服务，以及议员为服务而领取多少薪水才算合适。

关于限制国会议员任期的提议

国会议员在其职位上会任职多久？来自密歇根州的国会众议员约翰·丁格尔（John Dingell）在 2014 年退休后，以 59 年的任职年限创下了国会众议员任职最长纪录（这位议员于 2019 年去世。——译者注）。来自西弗吉尼亚州的参议员罗伯特·伯德（Robert Byrd）以 51 年的任职年限创下了国会参议员任职最长纪录（这位参议员于 2010 年去世。——译者注）。那么问题来了：这些超长时段的任职对国家有好处吗？我们的宪法规定美国总统是有任期限制的，连选连任不得超过两届。这一制度设计是为了防止总统无限期任职以及拥有过大的权力，以及防止总统在长期任职时突然丧失心智能力和体质能力。我们的宪法对联邦最高法院大法官没有规定任期限制，尽管平均下来大法官们的在任时间为 30～40 年。有鉴于年长的大法官们在晚年老态龙钟的状态或已经体力不支，或许把联邦最高法院大法官任期限定为 30 年是合理的。

同样，考虑到国会议员的年龄和任职时间的长久，或许给他们的任期设定一个期限也是合理的，其基本观点如下：

> 1. 那些已经任职 30 年或 40 年的议员在其选区可能早已脱离群众；
>
> 2. 国会中的资深议员或许已经和工业、农业、媒体等行业的许多人都确立了良好舒适的关系。

不时给国会这样的机构补充新鲜血液是个好主意。国会众议员一届任期 2 年，届满后全部改选，如果把他们的任期限制定为 10 届，那么这些年轻候选人将有 20 年的时间来观察、学习以及为国服务。国会
59 参议员一届任期 6 年，每 2 年改选三分之一，如果把他们的任期限制定为 4 届，那么参议员可以连续任职服务 24 年。同时，如果议员在自己最后一届任期想试图进入另外一个院，则法律对此不禁止。但是绝大多数国会议员可能会在最后一届任期结束后，加入游说公司以获得更丰厚的收入。

结论

世界上多数国家都声称自己是民主政体，但几乎很少有国家能做

到完完全全民主。只有选举活动，尚不足以被认定为完全民主体制。选举必须是公开且公平的，不受威胁、金钱和其他压力的影响。

只有当选民充分掌握相关信息，并自愿前往投票站按照自己的想法投票的时候，民主机制才能完美运行。人们希望候选人完全符合要求，会站在他们的支持者的立场上来投票。赢得选举是一个特别费力的过程，需要候选人加入政党以获得组织的支持，从家人、朋友、富豪支持者那里筹募竞选经费，击败党内觊觎同一职位的竞争对手，以及尽可能多地获得选票。

遗憾的是，如果没有富豪支持者的帮助，候选人的胜选将十分渺茫。赢得选举前和赢得选举后，候选人都会花大量时间在富豪支持者身上。在这个过程中，候选人在为来自选区的广大支持者投票时就失去了独立性，尤其是当选区利益和其竞选经费捐资者利益相冲突时更是如此。美国选举政治日益严重的金元化，消解了美国民主的质量，也严重削弱了其服务及维护美国人民利益的能力。

注释

［1］参见原文网址 www. presidency. uscb. edu/data/turnout. php.

［2］参见 E. Cepeda，“Getting Hispanics to Vote”，New York Times，2015－04－05；Paul Taylor，“The Growing Electoral Clout of Blacks is Driven by Turnout，not Demographics”，Pew Research Center，2012－12－26.

［3］参见 Lexington，“Not Running，but Fleeing”，The Economist，2015－05－16.

［4］N. Wolf，*Give me Liberty：A Handbook for American Revolutiona- 60
ries*，Simon & Schuster，New York，2008：344.

［5］N. Kristoff，“USA，Land of Limitations?”，New York Times，2015－

08 - 08.

[6] 关于投票权法案的简史，参见 J. Ruttenberg，“A Dream Undone：Inside the 50-year campaign to roll back the Voting Rights Act”，New York Times，2015 - 07 - 29.

[7] N. Wolf，*Give me Liberty*.

[8] 参见 www. localelectors. org/2012/11/12/how-was-91-of-congress-re-elected-despite-a-10-approval-rating.

[9] 参见 A. Lupia，*Uninformed*：*Why People Know So Little About Politics and What We can Do About It*，Oxford University Press，Oxford，2015.

[10] A. MacGillis，“Who Turn my Blue State Red? Why Poor Areas Vote for Politicians Who Want to Slash the Safety Net”，New York Times，2015 - 11 - 20.

[11] N. Wolf，*Give me Liberty*.

[12] 参见 T. Amato & R. Nader，*Grand Illusion*：*The Fantasy of Voter Choice in a Two-party Tyranny*，The New Press，New York，2009.

[13] F. X. Clines，“All 17 Republican Candidates in One Place?”，New York Times，2015 - 07 - 15.

[14] 参见 www. fixcapitalism. com，“More to Amend” .

[15] 改写自 Roger R. Berkowitz，“A Brief History of Campaign Finance”，2012 - 02 - 09，www. hannaharendtcenter. org/? p=4247.

[16] E. Drew，“How Money Runs our Politics”，The New York Review，2015 - 06 - 04.

[17] Editorial，“Senator Rubio's Stealthy Donors”，New York Times，2015 - 11 - 23.

[18] C. Burke，“Jimmy Carter：Unlimited Political Bribery Subverts Nation”，Newsweek，2015 - 01 - 31.

[19] [20] R. W. Painter，“Big Money，Big Government”，New York

Times，2016 - 02 - 03.

［21］参见 www. history. com/topics/us-presidents/presidential-election-facts.

［22］参见 www. nationalpopularvote. com/pages/explanation. php. 以及 Fair-Vote. org.

［23］参见 www. mtholyoke. edu/acad/polit/damy/BegninningReading/PRsystems. htm.

第 3 章 重塑国会

——为何国会运转得很糟糕？

我得出了这样一个结论：有一个没用的人，那是令人羞耻的；有两个没用的人，就能组建一家律师事务所；有三个或更多没用的人，就能组成我们的国会。

——约翰·亚当斯

63 美国人民对国会工作之不满早已经积攒很久了。20 世纪早期美国著名的幽默作家威尔·罗杰斯（Will Rogers）就曾指出："我并不是在创作笑话，我只是一五一十地报道我所观察到的政府及其运作方式。"在 1973 年的一次盖洛普民调中，42%的美国公众对国会持正面评价态度，我们可能觉得这个数值较低，但事实上这已经是历年来国会在民众心中形象的峰值。2013 年 1 月 4 日，根据美国民众对 16 个联邦层面机构的评价打分排序，国会得分垫底，只有 10%的民众对其持正面评价态度。而到了 2014 年夏季，这个数值更跌至 7%的新低。

2010 年 2 月，《纽约时报》和哥伦比亚广播公司联合组织了一次新闻民调，最后结果是约有 80%的美国人认为国会的从业人员更有兴趣为特殊利益服务，而不是去服务那些他们所代表的人。来自威斯康星州的国会众议员马克·波坎（Mark Pocan）认为，"我们这个国会并不是世界上代议制政府的最优模板，我们似乎已经变成了全国最大的幼儿园——区别仅仅是我们掌控着国家的钱袋子与核武器"。

那么是什么要素在主导着国会的运作？无党派机构国会研究中心（Center on Congress）针对第 112 届国会（2011—2013 年）的人员进行了详细调查，当问到"在你看来影响国会议员在职工作的主要因素是什么"的时候，49%的受访者的回答是"特殊利益"，36%的受访者的回答是"个人的私利"，只有 14%的受访者天真地相信，他们选出的代表在聚焦和关注能给民众带来利益的政策，不管是全国民众还是各州各地的百姓。如果美国政治体制实行的是议会共和制而不是总统共和制，如此低的信任率会带来提前举行的大选，产生一个新的多数党，以取代国会里的多数人。但是在总统共和制之下，90%多的国会议员仍然能保住饭碗，说不定还能 2 年后下一次换届选举时连选连任。已故国会参议员汤姆·科尔伯恩（Tom Colburn）就曾指出："在近来的几次国会换届选举中，更多的现任议员是死在了任上，而不是输掉了议席连任的竞选。”

划分选区

在当今美国，50 个州中的每一个州都选举 2 名参议员，而不考虑 64
各州的大小。加利福尼亚州只有两名参议员，罗得岛州也是如此，尽管它们的规模差异很大。另一方面，每个州的选民选出一些反映该州规模的众议院代表。加州向众议院派出了 53 名国会议员，而罗得岛州只向众议院派出了 2 名国会议员。

当前，国会众议院有 435 名议员。每个成员代表对一个平均约有 70 万人的选区感到不满。一些人认为，一名众议员很难对 70 万人的利益有更多的了解；然而，如果让一个选区的人口变得更少，则将产生出更多的选区和相应议员。因此，国会赞成将选区的数量保持在 435 个。

宪法制定者规定，国会选区的大小应尽可能相等。例如，各州可以制定规则，规定本州最大和最小选区之间的差异不能超过 10%。其根本目的是尽可能平衡每个代表的投票影响力，从而平衡每个公民的投票影响力。

在更早的时候，拥有投票权的选民被定义为年龄超过 21 岁的男性公民。后来，选民人口统计变成了以男性和女性公民的数量为基础。再后来，每个州可以决定有投票权选民的最低年龄，18 岁是被普遍接受的年龄，但是也有一些州规定 16 岁或 17 岁也可以。随着时间的推移，又出现了关于如何界定哪些人群拥有法定投票权的新问题，比如是否包括美洲原住民、正在服刑的人员或刑满释放人员？民主党赞成将有投票权的选民范围定义得尽可能大，因为通常那些被排除在外的人群中有更多人可能会将选票投给民主党。不过，这个问题很可能会留待最高法院解决。

格里蝾螈选区划分制对各选区规模和形状的影响

当前，美国全国划分为 435 个选区。一些研究者估计，2016 年 435 个众议院席位中只有 15 个会出现真正的竞争。那么，是什么导致了在任议员保有率如此之高？一种解释是，在立法机构的帮助下，现任议员受益于重新设计了他们的选区，从而使其支持者被最大限度地
65 囊括其中。例如，大多数民主党支持者都居住在城市的中心城区，而大多数共和党支持者则居住在市郊。因此，一位当选的共和党人希望选区只包括郊区，而很明显，一位当选的民主党人则希望把整个城市都划在选区以内。所以奥巴马总统就曾指出格里蝾螈选区划分制是美国政治的根本问题之一，他认为："我们必须改变当前这种划分国会选区的做法，这种实践实际上成了政客们在按照自己的意愿挑选选民，而不是由选民来选举代表……建议由跨党小组来解决这个问题。"[1]

格里蝾螈选区划分制这个名词专用于指那些通过重新划定政治边界，从而使某政党或候选人在选票数量上压倒对手的一种实践。原始的选区可能大体上是圆形或正方形的，随后，议会中的某些特定团体会将其重新划分，以便于某政党将更多支持该政党的选民聚集到重新划定的选区。新的选区从造型上可能更像一只火蜥蜴（salamander，蝾螈），而不是圆形或正方形。2015 年，佛罗里达州最高法院就曾经以 5 比 2 的投票结果裁定："共和党领导的立法机构在 2012 年进行选区地

图重划时有明显刻意偏向共和党和现任议员的意图，而该意图公然违反宪法原则”，以及“共和党的‘密探’和政治顾问实际上密谋操纵并影响着选区重划的过程”。[2]

国会选区重划已成为不同时期不同政党操纵的政治游戏。在通常情况下，国会中的政党领袖希望保有重划选区的权利，他们将重新绘制选区地图，以有利于现任议员。于是，现任议员在自己的席位上便会坐得更加稳固，在态度和理念上与所属政党和捐赠者也靠得更近。久而久之，他们就越来越不愿意妥协，因为他们可以无任何后顾之忧地去取悦党内最极端的力量。这样下去的结果就是：国会中的两党变得越来越极化。

近来，越来越多的公民呼吁成立一个独立的选区重划委员会来重新绘制选区地图。当前，全美有 14 个州允许公民通过立法机关或以选民直接投票的方式引入公投动议（initiative referendums）成立上述委员会，另有 8 个州允许通过以间接方式引入相关动议。不受党派影响的委员会或计算机程序应在每十年一次的人口普查后为各州重划选区（州和地方层面）。亚利桑那州、佛罗里达州和加利福尼亚州的选区重划委员会邀请公民而不是那些只在乎自己利益的议员参与绘制选区地图的工作，鼓励他们尽可能靠近标准的圆形或正方形的样子重新划定
选区。但亚利桑那州的议员们提起诉讼，要求重新夺回这项权力，该 66
案件最终提交联邦最高法院审理。结果，联邦最高法院以 5 比 4 的意见，裁定支持独立委员会和其他划定选区的方式，而不是将这个权限只留给国会或州议会。该裁决认为带有党派偏见的格里蝾螈选区划分制与民主原则大相径庭，并认为人民应该是政府一切权力的最初来源。

当然，现任议员也可以经由其他原因获得连选连任。其中一个重要原因就是现任议员能够筹集更多的竞选资金，发起更强大的竞选活

动，并获得更多曝光率。另一个原因则是，选民只有在初选中才能在众多候选人中进行选择，但只有15.9%的选民参加了2012年的州内初选（数据来源为两党政策中心）。“在初选中投票的少数人往往是特定利益集团的成员，他们是现任议员花大力气找来的支持者。”这些人会因为投票给现任议员而获得政治上的好处。其他人也许会认为，现任议员积累了不少在任时的经验，使他们比竞选对手更有优势。而在一次大选中，选民的选择实际上就可以归结为在民主党和共和党之间进行二选一，数据显示，三分之二的选民把选票投给了他们偏爱的政党。

著名经济学家保罗·克鲁格曼（Paul Krugman）区分了事实上的初选和在此之前的所谓“隐形初选”（invisible primary）。候选人必须首先争取赢得关键精英的支持，这些精英是曾经的政府官员和意见领袖。以前候选人需要赢得选民中的多数，而现在只需要赢得几十名富豪的支持就够了。一如克鲁格曼所言：“共和党正在提名一位赢得了巨额资金的人，组建一个由仅占人口总数1%的人组成的政府，且只为那1%的人服务。”[3]

美国国会了解公民真正的需求吗？

美国国会由535名议员组成（435名众议员和100名参议员），他们被1.46亿名登记为选民的美国公民选出，以代表民众的意愿。人们很难相信，这535名议员能对约1.46亿公民的愿望和利益有足够且充分的了解。然而，不管是共和党人当选，还是民主党人当选，他们都明确表示了解美国公民所思所想所需。唯一的问题是，他们提出了两种不同的理论来说明美国公民到底想要什么。要想知道美国公民真正的需求，唯一的方法是制作一份措辞谨慎的大型问卷，列出几十个问题，并要求参与投票的选民说明他们的偏好，所有的问题都以简单的“是”或“否”来回答。下面就是作者草拟的几个问题范例： 67

- 你是否认为男女应该同工同酬？
- 你是否认为孕妇自己有权选择堕胎？
- 你是否认为通过非法渠道进入美国且当前仍留居于此的人可以经法定程序归化为美国公民？

对这些问题的回答将给立法者提供关于选民偏好的硬核信息。而如果某议员的选区由不同偏好的选民组成，那么该议员则有可能背离整个美国的偏好。例如，全美有超过70%的选民支持男女同工同酬，但假如密西西比州或该州某个城市的大多数选民反对同工同酬，那么该选区的议员就得按照选民偏好来投票。将美国划分为若干选区的全部意义就在于，让民选议员们以选区公民的意愿作为其投票的标准。这就是为什么全美有多如牛毛的民意调查，而不是一种民意调查。

不过，好消息是，地方和州的民意调查可以帮助立法者确定那些代表大多数人意愿的观点。而坏消息是，多数民意调查都是被操纵的结果，政党和政客喜欢什么样的答案，它们就提供什么样的答案。互为竞争对手的政客就会选择符合他们政治理念的民意调查来作为佐证，这也就是为什么绝大多数美国公民不为民意调查所动的原因。

事实是，大多数政治家只会亲自接见他们所代表的选民中的极少部分人。即使他们呼吁举行现场公共集会来讨论一个重要问题，也只有一小部分感兴趣的选民出席。然而这部分出席的人通常不具有更广泛的代表性，他们只是有更多空闲时间，或只是想表达一下不同意见。因此，根本问题就在于，任何一位立法者对自己选区的选民之所思所想所需，只有一个不准确且经常被扭曲的印象。而在本章关于重塑国会的内容中，我们将思考并解决以下三个问题：

- 国会的结构是什么？
- 国会的立法程序如何运作？
- 国会的立法程序中有哪些需要解决的问题？

国会的结构是什么？

美国国会是一个两院制的立法机构，众议院根据该州人口的比例从各州选出，参议院由来自 50 个州的每州 2 名参议员组成。

68 535 名议员中的每一位都拥有预算和工作班子，来进行大量审读法案的工作，以评估选区公民的需求，听取游说者和其他利益相关者的意见，并就最佳行动方案向国会提供建议。每位议员都在一个或多个委员会任职，例如外交政策、教育、卫生、军事等委员会。每个委员会都由多数党议员担任主席，他有权影响法案的形式，并有权减缓或加快法案的最终表决。

议员们在国会任职的时间长短各不相同。权力和最重要的委员会掌握在最资深、最年长的议员手中。如果年轻议员们想继续往上爬，他们就得顺从资深议员的意见。共和党和民主党在众议院和参议院各有一名领袖。2015 年，共和党是众议院多数党，议员约翰·博纳(John Boehner) 出任众议院议长。不过除此之外，他的其他身份还包括众议院机关的行政首脑和众议院共和党领袖。如有必要，众议院议长在总统继任顺序中紧随副总统之后。除了议长，共和党在众议院还设有一名多数党党鞭，协助管理该党的立法计划；一名共和党会议主席，领导众议院内所有共和党成员参加的组织；以及一名共和党政策委员会主席，领导政策研发的会议。作为少数党的民主党在众议院也设有类似职位。在本书写作并出版时，参议院由多数党领袖、参议员米奇·麦康奈尔领导。此外，领导职位还包括一名共和党会议主席、一名共和党政策委员会主席和一名共和党会议副主席。参议院内的民主党也设有类似的领导职位。

国会的立法程序如何运作？

美国著名作家马克·吐温对立法程序持怀疑态度，他说："在立法机构开会期间，没有人的生命、自由或财产是安全的。"然而，必须进行立法程序。一名或多名立法者将在众议院或参议院制定一项法案，以满足公民的一些实际或感知需求。该法案将被送交适当的委员会，该委员会将建议对该法案进行修改，要么批准它，要么驳回它，要么推迟它。委员会可在条例草案中加入其他项目，减去一些项目，或做出其他修改，以提高其通过的可能性。该法案将送交另一议院审议， 69
在那里它可能会得到进一步修改。该法案可能会在众议院和参议院之间来回审议，直到它准备好在两院进行投票。通常该法案可以以多数票通过。如果获得通过，则由总统（或州长或市长）签署。行政分支有权否决该法案，并将其发回立法分支。如果三分之二多数的议员再次支持，立法机构可以推翻行政分支的否决。

众议院和参议院的大部分工作都是由起草立法、监督行政机构、制定和监督国家政策的委员会完成的。国会委员会分为四大类：常设委员会、特别（select）委员会、特殊（special）委员会和联合（joint）委员会。

常设委员会是常设机构，是国会的主力。它们进行听证会和调查，并监督其管辖范围内的立法和联邦机构。常设委员会有众议院和参议院的农业、拨款、武装部队、金融机构（银行）、商业和外交关系等委员会。

特别委员会和**特殊委员会**是为特殊目的而设立的临时委员会，通常是为了调查，一旦该目的完成，就可以解散。特别委员会可以跨越几届国会，而特殊委员会一般存在于一届国会的两年内。这些委员会可能会举行听证会并发布报告，但它们不会报告立法。其中包括参议院老龄问题特殊委员会、道德委员会和参议院情报特别委员会。

联合委员会可以是临时机构或常设机构，其由同等数量的众议员和参议员组成。其中包括联合税务委员会和联合经济委员会。这些联合委员会被视为促进众议院和参议院之间合作的工具。

国会委员会的背景

委员会承担立法机构的主要工作。在决定委员会组成时，它们由其历史和管辖权、主席职位、每个成员的任务数量、人员配置和政党比例来定义。1946年颁布的《立法重组法案》(Legislative Reorganization Act)，将参议院的委员会数量从33个减少到15个，众议院的委员会数量从48个减少到19个。许多常设委员会被改为小组委员会，这大大加强了其余主席的权力。1946年的法案还授权委员会雇用多达4名专业人员和6名文书雇员，从而为委员会在处理复杂的政策问题方面提供了更多的专业知识。该法案要求委员会在可能的情况下举行公开听证会，并保留准确的记录。

《立法重组法案》成功地减少了正式委员会的数量，但未能限制小组委员会的数量。结果是小组委员会数量的激增。1949年，众议院只有60个小组委员会，参议院也有同等数量的小组委员会，到 1975 年，众议院的小组委员会数量跃升至 145 个之多，参议院的小组委员会数量约为 120 个。这导致了初级成员拥有小组委员会主席，削弱了年龄较大和更保守的全体委员会主席的权力。随着权力转移到小组委员会，全体委员会主席的权力减少了。

1970 年的《立法重组法案》将每个常设委员会的长期专业工作人员人数增加到 6 人，使委员会能够寻求更多的技术和科学人员，并为临时工作人员申请资金。1970 年法案还要求将工作人员三分之一的资金用于少数党，并给予少数党在听证会上传唤证人的权利。该法案要求委员会制定书面程序规则，将点名投票记录在公共记录中，并在审议该立法的至少前 3 日将委员会关于法案的报告提供给检察机关。它还允许通过广播或电视播放众议院委员会的程序。

在 20 世纪 70 年代，参议院通过了《权利小组委员会法案》，允许小组委员会选择自己的主席，制订小组委员会的预算，并要求委员会主席在提交给整个委员会的两周内将立法提交给适当的小组委员会。现在可以为 18 70
名专业人员和 12 名文书工作人员配备工作人员，三分之一的委员会工作人员是为少数人保留的。

国会还需要集中自己的预算过程。一个联合预算委员会将起草一份年度预算，其中包括对收入和支出的估计，并为每个机构设定拨款限制。如果超过预算收入，将建立债务上限。国会将在拨款法案的文本中增加具体的支出禁令，以显示财政限制。

20 世纪 80 年代和 90 年代， 71
又发生了几项变化，包括努力减少小组委员会的数量和增加全体委员会的权力。许多常设委员会的名称被更改，两院通过了一系列影响酬金、外部收入和离职后游说的道德规则。

20 世纪 90 年代，政党的领导人开始对小组委员会和全体委员会主席施加更多的控制，以支持领导特别工作组（leadership task force）提出的政策。共和党特别工作组经常在没有委员会推荐的情况下将倡议提交到议会。这更像是一种议会制度，多数党在没有常设委员会或让少数党参与立法程序的情况下推动关键立法。

尽管历史上有将一切事务都提交给委员会的规则和程序，但多数党领导人目前正在学习绕过这一过程，直接把法案提交到众议院，绕过委员会中发现的一些技术障碍。政党（尤其是多数党）主导的政府和国会委员会制度之间显然存在着紧张关系。政府减少了少数党的参与度，降低了委员会主席的影响力，将决策程序移到委员会制度之外，实行闭门决策，使两院审议保持一致显得更加困难。此外，它还具有使多数党的提议加快被落实的优势。因此，我们在将来必定会看到，在联邦层面的立法事务中，是政党主导的政府会继续保持现状，还是委员会主导下的政府会卷土重来。[4]

在国会立法过程中有哪些需要解决的问题？

下面的部分，我们将会考察立法过程中常见的几种做法，这些做法引起了广泛的批评，并可能需要纠正。

在审议的法案上附加一条不需要的或不相关的条款

某政党可以在另一政党想要通过的法案上附加一条不受欢迎的条

款。如果赞成该法案的一方通过了该法案，它将不得不忍受法案中不受欢迎的附加条款。

例如，参议院民主党人希望通过一项阻止人口贩运的法案。然而，72
共和党人增加了一项不受欢迎的条款，增加了反对堕胎的限制。民主党参议员查克·舒默（Chuck Schumer）指出，“他们（共和党人）在自己（民主党人）的法案中加入了毒丸”。参议院民主党人不情愿地投票否决了他们想要的法案，该法案将减少性贩运。共和党参议院多数党领袖米奇·麦康奈尔对此表示不满，他表示将推迟表决奥巴马总统关于洛蕾塔·林奇（Loretta Lynch）担任司法部长的任命。洛蕾塔·林奇将是第一位担任这一职务的黑人女性，她非常有资格。然而，林奇的任命比过去 30 年来任何其他司法部部长提名所耗费的时间都要长。

解决方案是什么？人们希望国会能够同意起草并通过法案，其中不能增加任何不相关的条款。从长远来看，两党都会受益，国会立法进程更迅速，公众也将得到更好的服务。

指定用途（Earmarking）

指定用途是指将国会资金定向用于特定项目的支出过程。

例如，2005 年，国会通过了一项 2.23 亿美元的指定用途资金，用于建设一座从阿拉斯加州凯奇坎到阿拉斯加州格拉维纳岛的桥梁。这是为了满足某位国会议员的虚荣心，他想让自己的形象在选区的一些市民眼中更好。这笔指定用途资金被添加到卡特里娜飓风后的一项支持社区重建的法案中，但该法案与阿拉斯加州无关。这一指定用途专项拨款引起了极大的嘲笑，以至于国会最终取消了这笔资金。

当共和党人在 2011 年成为众议院多数党时，他们以良好政府的名义完全取消了指定用途资金。但今天，一些人反对这一禁令，称这相当于让行政分支的官僚们决定拨款的去向，这对选民的透明度将更低，还不如把它留给国会。

政治分肥（Pork Barrel）

政治分肥的想法是指，国会有很多经费可以挪用，议员可能也会拿一些钱来装点自己最喜欢的项目。这个想法的出发点是有很多“油水”可以分享。马克斯韦尔·安德森（Maxwell Anderson）1933 年创作的关于国会的戏剧《你的两院》（*Both Your Houses*）获得了普利策奖（Pulitzer Prize），因为他揭露了国会会议的一些内幕交易。在这些
73 会议上，议员们更感兴趣的是支持个人或游说者的商业项目，而不是符合国家利益的项目。很多时候，议员们会同意投票支持其他议员的法案，以换取他们对自己法案的赞成票。

好消息是，克林顿总统在 1996 年成功地签署了一项法案，授权设立单项否决制度（line-item veto）。这一安排可被用于打击那些“特殊利益的无用之物、税收漏洞和纯粹的分肥”。据此，总统就可以减少浪费，保护纳税人的利益，以及更好地平衡预算。克林顿指出，在全美的 50 个州，有 43 位州长也拥有某种形式的单项否决权。[5]

近 30 年来，国会每年都会推出“税收减免政策一揽子计划”（tax extenders package），其中包括影响特定行业和议题的 50 多项税收减免。很多项目实际上就是发放“企业福利”。例如，其中一项规定好莱坞电影制作公司如果在特定地点拍摄电影，则可以免除高达 2 000 万美元的税；另一项规定允许赛马的主人在 3 年内可以对他们的马进行折旧处理。公众很难知道这些“企业福利”的真实成本，因此许多人希望这一税收减免政策早日取消。[6]

冗长辩论（Filibuster）

一名或多名国会议员可能急于阻止一项措施进入投票程序，或进行进一步冗长的辩论。这种战术就被称为“冗长辩论”，它来自西班牙语单词 *filibustero*，用来形容那些 17 世纪劫掠四方的海盗。

2013 年 6 月 26 日，得克萨斯州民主党参议员温迪·戴维斯（Wendy Davis）发表了一场长达 13 小时的不间断演讲，通过宣读一本记满了受反堕胎问题影响的女性故事的活页夹，阻止通过一项反堕胎法案。根据得克萨斯州参议院的规定，在发言过程中，戴维斯不能坐下，也不能靠在桌子上，更不能吃东西、喝水以及去洗手间，或谈论任何与参议院第 5 号法案无关的事情。2014 年 9 月 25 日，共和党参议员特德·克鲁兹不甘示弱，发表了长达 21 个小时的冗长辩论，他发言的主要内容是反对奥巴马总统力推的医保改革法案，其中还广泛掺杂了从苏斯博士（美国著名儿童绘本作者）到《星球大战》等大量其他不相关的内容。

毫无疑问，冗长辩论会导致国会瘫痪和功能失调，往往只是满足一个或几个热情的反对派而已。2005 年，奥巴马总统呼吁“在参议院取消冗长辩论程序的常规性使用”。在像今天这样两党陷入僵局的时候，冗长辩论往往会出现得更加频繁。2013—2014 年，为取消冗长辩论，国会举行了 218 次投票。冗长辩论最初的目的是允许少数人或少数派意见得以被听见，但今天它被主要政党用来阻止另一党推进其纲领。当冗长辩论逐渐被阅读电话簿或念童谣充斥着的时候，就变得和推进有关问题的辩论毫无关系了。

参议院冗长的辩论规则没有宪法依据。根据美国宪法，国会两院 74
可以自行决定自己的议事程序规则。它之所以会出现，是因为参议院拒绝对参议员就某一特定问题发言的时间施加限制。参议院确实也曾规定，如果有超过 60 名参议员提出并同意关于终止拖延战术的动议，那么参议院就可以叫停冗长辩论。众议院实行的规则不太一样。2013 年 11 月，众议院以多数票废除了针对总统拟任命官员和最高法院以下级别的联邦法官的冗长辩论。

显然，国会应该采取更多措施来限制或约束阻挠议事的做法。阻挠议事的人应利用这段时间提出反对反对派的论点。应设定几个小时的时间限制，使任何法案的支持者或反对者能够分享其基本立场。还应对一项法案的支持者和提案者的发言数量设定一个数字限制。没有这样的限制，每个反对法案的人都会试图利用最长的时间来重复对方的论点。

迫使政府关门

2013 年 10 月，美国联邦政府遭遇了代价高昂的关停事件，从 10 月 1 日一直持续到 10 月 16 日。政府关门的发生是因为国会不同意为 2014 财年拨款的立法。结果，80 万名联邦雇员被无限期停职，另有 130 万人被要求在不确定何时能发薪水的情况下仍坚持上班。这次为期 16 天的关停是截至当时美国历史上持续时间第三长的关停事件，仅次于 1978 年的 18 天和 1995—1996 年的 21 天。[7]（特朗普任职时期又发生了一次关停，2018 年底至 2019 年初，持续时间为 35 天。——译者注）

这次关门危机的背景主要是共和党领导的众议院试图推迟或取消对《平价医疗法案》的资助。众议院和参议院无法在 2013 年 9 月 30 日前达成一致，由于在新的 2014 联邦财政年度开始时缺乏拨款，联邦政府不得不于 10 月 1 日关闭。然而，从 2013 年 10 月 1 日开始，《平价医疗法案》的许多内容仍然在实施。最后，在 2013 年 10 月 16 日深夜，国会通过了《2014 年持续拨款法案》(Continuing Appropriations Act 2014)。10 月 17 日午夜过后不久，总统就签署了该协议，结束了政府的关门危机。

联邦政府长时间被关停造成了普遍存在的真实伤害，它动摇了公众对造成这一危机的政党和整个国会的信心。2015 年 11 月，在参议员特德・克鲁兹和其他共和党人的煽动下，政府几乎又要面临被关停的厄运，但幸运的是，危机被避免了。如果能够通过一项措施，防止未 75
来政府关门发生的任何可能，并迫使各方以另一种方式解决争端，这对所有相关各方来说都是更好的局面。

不给政府提供充足经费以执行政策

国会可能最终通过一项立法，但未能提供足够的资金用于执行。它可以向公民声称，它代表了公民的利益并对公民的诉求做出了回应，但事实上，它不会兑现其任何承诺。

请看如下这个例证。2011 年，国会通过了一项有远见的食品安全改革法。成千上万的人因食用了受污染的花生酱、鸡蛋、菠菜和甜瓜等产品而患病。美国疾病控制与预防中心（Center for Disease Control and Prevention）估计，每 6 名美国人中就有 1 人患病，12.8 万人住院，3 000 人死于食源性疾病。国会预算办公室（Congressional Budget Office）估计，从 2011 年到 2015 年，美国食品药品监督管理局（Food and Drug Administration）将需要 5.8 亿美元来改革美国的食品项目，即使这在联邦预算中被认为是微不足道的一笔款项。然而，国会同意的金额不到这一金额的一半。这样，改革虽然象征性地看起来很严肃，但实际上却没有实质内容。[8]

众议院规则委员会的权力

虽然参议院允许对法案进行无限制的讨论或辩论，但众议院倾向于限制辩论并设立了专门的规则委员会，由这个委员会决定不同的法案将根据何种规则提交众议院讨论。当一项法案由众议院委员会讨论完向下一步提交时，它并不直接进入众议院全院会议。该法案被放在适当的日期上进行辩论，由规则委员会来决定众议院全体将在多长时间内以及根据什么规则对提案进行辩论。规则委员会可以限制修正案的数量或类型，甚至可以不允许提任何修正案。规则委员会还可以决定针对每项法案或决议的发言时间，包括在某些情况下不给发言时间。显然，规则委员会在众议院发挥着强大的影响力。同样的情形也可能发生在参议院，因此许多法案被推迟、掩埋或搁置。

例如，参议员伊丽莎白·沃伦要求参议员一致同意她提出的《学生紧急银行贷款再融资法案》(The Bank on Students Emergency Loan Refinancing Act)。该法案将允许 2 500 多万人按现行较低的 4%利率为他们的学生贷款再度融资。但参议院共和党人阻止了她的法案，因为这将意味着提高富人的税收。共和党参议员约翰·科宁（John Cornyn）希望该法案受到修正，但沃伦不同意无限制的修正。议员们最终拒绝投票，理由是他们需要专注于眼前更紧迫的临时支出措施来给政府提供资金。[9]

76 让国会采取行动的另一种方式是让公民呼吁举行全民公投。有 25 个州允许举行全民公投，通过这种方式，选民可以要求立法机构制定的新法律需经过全民投票的同意认可方能生效。

哪些外部因素会影响法案的通过？

在这里，我们需要研究影响国会议员诚信的两个问题。首先是游说者对其决策的影响，其次是公然的腐败行为。

游说者的影响力

游说描述了各类组织及其代表（称为游说者）影响政府官员（如立法者、监管者或法官）所做决定的努力。这个词来自这样一个事实，即“影响力贩子”（influence peddlers）在立法机关大楼的大厅（lobbies）里，通过见缝插针的方式拦着议员，并代表客户来影响他们的投票。大多数游说者是律师，许多是前国会议员。有人说他们构成了政府的第四个分支。游说行为发生在各级政府——从联邦、各州到县、市和地区政府。

1971 年，全美国只有 175 家登记在册的游说公司；到 2012 年，这个数字已经变成了 13 700 家。它们的游说者为了对议员们施加影响，每年在华盛顿特区的花费超过 33 亿美元。通用电气（General Electric）在这方面的花费为 2 140 万美元，位居榜首；谷歌（Google）紧随其后，花费为 1 820 万美元。这还不包括那些没有明确登记为游说公司的组织，它们用“政府关系”、“公共事务”和“企业沟通”等名字做着相同的事情。此外，还有许多商业资助的智库提供的信息往往也都具有很强的说服力。我们这里只论及的是联邦层面，在各州和城市进行的所有游说活动不在此列。[10]

美国大公司可能会雇用 10 名或更多来自多家游说公司的全职注册说客，还可以搬来退休政治家为其服务，他们现在是游说者，可以在紧要关头为大公司提供帮助。游说者过去主要是为了阻止增税或新增监管机制，随着时代的发展，他们也开始游说改善道路和其他基础设施，再后来他们会施加更多压力以推动形成符合公司或行业特殊利益的政策。[11]

游说者发挥强大影响力的一个典型例子就是 2015 年通用动力公司（General Dynamics）研发制造的价值 33 亿美元的朱姆沃尔特级驱逐舰
77 （Zumwalt destroyer）的完工。美国拥有世界上规模最大的海军，但它仍在继续建造新战舰。海军造船企业对时任海军部部长雷·马伯斯（Ray Mabus）施加影响，后者向众议院拨款委员会报告说，美国的海军力量必须变得更强大，从 275 艘战舰扩大到至少 300 艘。路易斯安那州州长鲍比·金达尔（Bobby Jindal）曾经向著名智库机构美国企业研究所（American Enterprise Institute）讲道，如果国防预算被削减，那么“美国将不会再拥有领先于全球的海军力量”。政客们时刻准备着为大企业、大公司的利益服务，而不是提供急需的资金来帮助美国的孩子们获得更好的教育。[12]

参议员伊丽莎白·沃伦和其他进步派民主党人对此发出了严厉控诉，他们认为真正在治理美国的不是国会，而是大企业、大公司。像花旗集团（Citicorp）和摩根大通（JP Morgan）这样的大型金融企业向外界出售大量投资评级不良的证券，它们为何没有受到任何惩罚？为什么这么多美国产业获得了国会的特殊待遇？为什么国会不帮助公民从大型制药公司那里获得更低的药品价格，就像加拿大和欧洲国家那样？为什么美国国产糖类的零售价格远高于从国外进口的糖价，但制糖业仍受到持续的保护？[13]当共和党人不断攻击有利于消费者福利的立法和项目时，他们为什么对令人发指的“企业福利”熟视无睹？

那么，在政治上活跃的大公司是否从它们给游说者的钱中获得了丰厚的回报，从而收获了商业上的更多好处呢？2014 年的一项研究显示，200 家政治上最活跃的公司花费了 58 亿美元在联邦层面的游说和竞选捐款上，但是却获得了高达 4.4 万亿美元的巨额回报。[14] 著名学者约翰·弗里德曼（John Friedman）教授在另一项研究中估计，各类制药公司总共花费了 1.3 亿美元来确保 2003 年《医疗保险现代化法案》（Medicare Modernization Act）的通过，在该法案通过后的十年内，制药行业获得了 2 420 亿美元的回报。来自知名智库机构新美国基金会（New American Foundation）的高级研究员李·德鲁特曼（Lee Drutman）就曾经指出，游说公司越多，其有效税率就越低，游说公司就越不太可能因欺诈行为而被调查。[15]

有证据表明，一旦公司开始游说，它们就会一直持续不断地进行游说；可以说，游说行为具有黏性。也有证据表明，游说行为本身就会产生更多的游说，而最终将导致该行业继续膨胀。

关于游说的不同观点

许多人认为游说活动只能带来负面影响，因为它导致民选公职人员做出的决策只符合游说者客户——大公司和富人阶层的利益——而不是广大公众的利益。著名美籍日裔政治学者弗朗西斯·福山（Francis Fukuyama）将美国的政府制度称为近似于“利益集团资本主义”（interest-group capitalism）的“否决型体制”（vetocracy）。[16] 他认为，游说集团代表着一系列主导甚至指导议员们如何投票的利益集团，致使行政分支的官员们（总统、州长和市长）变得无能为力。在指导民选公职人员更多关注企业利益时，游说者分散了人们对影响国家未来的真正问题的注意力。 78

带来负面影响的游说者们主要集中在特定的重要行业，如石油工业、农业、制药工业和国防工业。石油行业的游说者已经设法让企业获得了丰厚的政府补贴和专属的行业特权。农业领域的游说者基本上服务于占有大片农场的企业所有者，而不是小农户。制药行业的游说者通过游说活动抬高了美国的药价，将外国优质药品排除在外，以及阻止了通用药物（generic drug）的研制工作。国防工业的游说者推动议员们积极投票支持生产更多的军事物资，即使军事将领不需要或不想要这些武器装备。

游说者无疑会影响民选公职人员的决定。每一位议员在获得当选或连任方面都面临着越来越高的成本，超出了他们的个人收入以及朋友和熟人的收入。每一位议员所需要的竞选经费都远超出政党所能提供的额度，但是游说者却能够引导其客户公司向特定的议员捐款。游说者不能明确要求议员如何投票以换取竞选捐款。但很明显，议员们知道他们的决定将对捐赠者支持的额度产生影响。他们也知道，为某些特定公司的利益投赞成票，可以确保其在职业生涯结束后，有更大机会成为游说者之一员。有学者研究指出，有半数的国会议员在离任后会选择加入游说公司。国会议员离任后成为一名游说者，可以挣到数倍于以前当议员时年薪 17.4 万美元的收入。

为竞选筹集足够资金就好像一种毒瘤，它让议员们把注意力更多地放在大公司大企业和富裕家庭的利益上，而不是好好地服务于他们选区选民的利益。以下是著名左翼经济学家理查德·沃尔夫（Richard Wolff）对大政治（big politics）和大财富（big wealth）之间关系的精辟观点：

> 多年来，一个相当严重的恶性循环一直在起作用。减少对富人的税收，能使他们有更多的钱来影响政客和政治进程。他们的影响力为他们赢得了进一步的减税，这让他们有更多的钱用于政

> 治影响上。当税收的损失加剧了本已紧张的政府预算时，富人又敦促政客们削减公共服务和政府工作岗位，甚至不讨论是否应该回到富人过去曾支付过的更高税收点上。所以就一直这样循环下去……[17]

我们必须认识到，游说在本质上是一种营销活动。富甲一方的公 79
司或家庭雇用了一个有问题意识的游说者；随后，游说者确定了若干相关可以接近的议员，并进一步制订系统完整的说辞，再配上很好的沟通和说服策略，事情就能推动了。游说者的目的是与不同的议员建立密切和信任的关系，并为他们提供有用的信息。游说者绝不能向议员提供虚假事实，这是大忌，会让议员陷入难堪，之后可能永远不会再听这个游说者的话。尽管事实通常是正确的，但游说者利用自己的能力，总能将其置于有利于以某种方式投票的背景下。

游说者们常说，如果议员一直以某种特定立场投票，他们不会接近这些议员并提供政治捐款。通常是议员们会打电话给游说集团，要求政治捐款，有时甚至会说出具体数额。如今，民选公职人员们会花费无数个小时打电话为他们的竞选活动筹集资金。因此，真实的情形并不是一个游说者去腐蚀诚实的决策者，而是一个民选公职人员以一种类似于合法勒索的方式主动找游说者。

游说者因此而获得了一份可观的薪水，并得到了一份预算，用以支付游说相关费用以及向议员竞选活动捐款。著名学者劳伦斯·莱西格出版了一部名为《失败的理想国：金钱如何腐蚀国会——以及阻止它的计划》的畅销书，在书中他对游说活动进行了最严厉的批判和指控。[18]最高法院在“公民联合会”一案的裁决中叫停了一种曾经的普遍观点，即认为大企业也是有权利向公民施加影响的人。其结果是，更多的美国人发现，特殊利益集团将巨额商业资金用于影响国会。美国公民发现，原来是华尔街在管着国会，而不是国会在管着华尔街。尽管人们几乎找不到公开贿赂的证据，但游说者常常说的那些带有暗示性的话——比如“如果你不能投票支持某个法案，我将不得不向你的竞争对手捐赠 100 万美元”——却能产生实实在在的强烈影响。

没有贿赂就没有腐败了吗？如果有明确直白的报偿（*quid pro quo*），那么竞选捐款显然是非法的。但是在没有明确回报的情况下，竞选捐款是合法的。然而事实上，今日的议员们会花去一半的时间找寻竞选资助者并回应后者的诉求，让他们高兴。这难道不会腐蚀议员，导致他们只为资助者的利益，而不是为公众利益而投票吗？所以，我们应该拒绝或者至少应该限制私人给政治竞选活动捐款。我们应该禁止企业为政治竞选活动提供资金，并在一定程度上限制竞选活动的总开支。[19]

游说活动真的有回报吗？一些研究试图表明，许多议员并没有受
80 到竞选捐款的过度影响。但莱西格表示，民选公职人员可以通过其他方式影响立法进程，比如推迟或修改某些法案或直接否决这些法案。通过研究，他指出，在索要捐款之前议员们会提前调整他们的观点，因此就不会留下明确的证据，表明议员的观点因请求捐款而发生了变化。

其他研究表明，游说对国会通过法案和政策制定都有很大影响。2011 年的一项研究，对研究结果的综合分析（meta-analysis）发现，企业政治活动与企业绩效之间存在正相关关系。[20] 2009 年的一项研究发现，游说带来了可观的投资回报，回报率在某些情况下甚至高达 22 000%。[21]

然而，说了这么多负面的影响，我们也需要承认一些团体进行了

正面的游说。这些团体代表环境、教育和医疗保健组织等，它们反击了其他游说者的错误陈述和错误信息。例如，美国医学会（American Medical Association）游说国会通过法律，禁止烟草广告和向未成年人销售烟草。大多数公民都认为这是一次有着正面效果的游说活动。

"黑金"和选举中收买选票等相关问题

除了影响立法者的游说问题外，还有一个问题，即在选举中收买选票。奥巴马总统在国情咨文中说，"秘密的亿万富翁和大企业'黑金'正在把我们的政治拉进肮脏的排水沟中"。"黑金"指的是那些在没有披露捐赠者的情况下，用来影响政治选举结果的钱。那么，"黑金"捐赠者是只有富有的美国人，还是甚至可能有试图影响我们选举的外国人？在2006年，只有520万美元的捐款未披露捐赠者信息。而到了2012年，有超过3亿美元的捐款来自免税组织。2016年的选举中"黑金"的额度大大超过2012年的数值。

最高法院在2010年的"公民联合会"一案中的裁决，客观上带来了政治行动委员会和超级政治行动委员会如雨后春笋般地成立。有一系列规则来规范政治行动委员会的运作，例如政治行动委员会也涉及捐赠给社会福利性非营利组织的资金；政治行动委员会不必透露捐款者信息；政治行动委员会必须"专门为促进社会福利而运作"，允许其开展部分政治性活动，但后者绝不能是其主要任务。现任国税局局长表示，政治行动委员会可以将至多49%的收入用于政治性活动，且仍保留其免税资格。现实中，许多政治行动委员会的政治性活动支出的确少于其收入的49%。即使是非政治性的活动，通常也采取议题广告的形式，而不提及候选人姓名，但是选民们一看就知道哪个候选人偏 81

好哪个议题。这就是变相的政治性活动。免税组织的主要目的是促进社会福利，然而它们却花费如此之多经费在政治性活动之上，这的确令人无法容忍。[22]

超级政治行动委员会类似于常规的政治行动委员会，可以筹集和支出资金，但必须报告它们的捐赠者的姓名。它们可以从各类企业、工会、个人和协会筹集无限量的资金。它们可以通过购买电视、广播、印刷广告和其他媒体的方式，来为联邦层面公职候选人的选举摇旗助威。超级政治行动委员会既有保守派的，也有自由派的。

游说问题的解决方案

显然，政府必须通过法律来规范游说者的影响力。游说活动必须被公开报道，并且不能有任何贿赂。游说应该受到众多规则的约束，如果不遵守，可能会导致包括监禁在内的处罚。然而，游说活动本质上是合法的，并被法院裁决解释为言论自由的一种形式，并受到美国宪法的保护。

以下是笔者拟提出的限制游说的解决方案：

- 设置冷静期——国会工作人员和其他想进入游说行业的人等待一年或更长时间，然后才能成为游说从业者；
- 要求游说者登记——要求他们报告联系方式和支出细节，报告有哪些企业和组织在参与游说活动，游说了哪些议员，游说方式和经费的细节；
- 建立禁止个人礼物的禁令；
- 限制竞选捐款金额；
- 要求政治候选人自愿同意只接受小额（最多 100 美元）

捐款；

- 允许联邦纳税人查看特定国会候选人的账目。

腐败的影响

在任何以公民为导向的政治制度中，游戏规则必须是：民选公职人员必须代表公共利益。在不符合公共利益的情况下，他们不得利用其权力为朋友、家人和其他熟人的特殊利益服务。公职人员可以听取各类公司、工会和其他协会的需求和呼吁，但在投票时不能只考虑这 82
些群体的利益。遗憾的是，许多国会议员显然只考虑某些特殊群体的利益，如枪支游说团体、香烟游说团体、石油游说团体、制药游说团体和其他利益集团。民选公职人员可以偏袒某些群体，但在决定如何投票时不能接受金钱或恩惠。

一个名为“华盛顿公民责任与道德”（Citizens for Responsibility and Ethics in Washington，CREW）的组织，是受人尊敬的独立团体，它积极识别公职人员可能由腐败手段引发的任何投票行为。2013 年，经过调研，该组织将 13 名众议员（9 名共和党议员和 4 名民主党议员）列为最腐败的国会议员。

在美国历史上，针对特定的国会议员、州长和市长以及各州和各城市的立法者的政治腐败指控经常发生。在伊利诺伊州过去的 7 位州长中，有 4 位最终因诈骗、贿赂或银行欺诈等罪名入狱。然而，笔者的估计是，美国 99%以上的公职人员都是合法和谨慎的。著名政治学者斯蒂芬·梅德维奇（Stephen Medvic）教授指出，美国司法部每年起诉约 900 名腐败公职人员，其中只有一小部分是经选举而产生的官员，这些只占美国 50 多万民选公职人员官员中的一小部分。[23]

2007年，参议院通过了《正直领导和开放政府法案》(Honest Leadership and Open Government Act)，要求参议员及其工作人员接受“持续”的职业道德培训。它包括一长串旨在遏制腐败的规则变化。一些国会议员并不完全了解哪些行为可能构成腐败，因此每年进行职业道德培训是完全必要的。[24]

新当选的国会议员在开始他们的职责之前要接受一次长谈，内容是关于法律如何运作和他们的责任，以及如何避免在他们的任期内可能出现的许多诱惑。

民选官员面临刑事指控的若干案例

83 **汤姆·迪莱(Tom DeLay)**，来自得克萨斯州的前国会议员，于1984—2006年服务于得克萨斯州第22国会选区，2003—2005年，担任众议院多数党领袖。他的绰号是“锤子”，以善于交易和分肥而闻名。2005年，迪莱被指控试图通过向各种政治候选人输送企业资金来影响得克萨斯州选举。2010年8月中旬，司法部结束了对迪莱长达6年的调查，检察官认为，迪莱引来的企业资金帮助共和党控制了得克萨斯州的众议院。共和党多数派随后通过了一项国会选区重划计划，将更多的共和党人送进了国会。司法部随后对迪莱提起诉讼，声称他们对选区的重划，极不公平地将少数党支持者抽离了某些地区。2006年，迪莱被指控洗钱和违反其他涉及竞选财务的法规，随后从国会辞职。他后来被判处三年监禁，但在等待上诉裁决期间仍然自由。迪莱说，自1995年他在众议院职业道德委员会的第一起案件以来，他筹集并花费了1 200多万美元用于法律费用。然而，在2013年，得克萨斯州的一家上诉法院推翻了对他的定罪，撤销了指控。

鲍勃·梅嫩德斯(Bob Menendez),新泽西州的民主党参议员,任期三届,参议院外交关系委员会的主席。他因斡旋联邦官员帮助一位密友——佛罗里达州眼科医生萨洛蒙·梅尔根(Salomon Melgen)而受到调查。梅尔根博士、他的家人和他的公司已经向梅嫩德斯参议员和支持他的委员会捐赠了数十万美元。梅尔根被指控利用多米尼加港口担保合同在医疗保险账单上做黑账,梅嫩德斯试图帮助梅尔根。梅嫩德斯免费乘坐梅尔根博士的私人喷气式飞机前往多米尼加共和国进行了两次私人旅行,但参议员并没有报告这一奢侈礼物。这起案件说明的是,一名民选官员可能会出于感激,而捍卫其竞选活动中大额捐赠者的利益。[25]

结论

很明显,美国立法机构在辩论和通过立法方面效率很低。国会经常花费多年时间,也没能解决美国制度长期面临的严重问题,如移民、医疗改革、基础设施恶化、环境保护等。国会如果能采取下列改革,将更好地服务于美国选民:

- 防止在一项重大法案中加入不相关的措施,从而不必使反对派投票支持他们不想要的东西。
- 减少冗长辩论和关闭政府的动议。
- 公布捐赠者姓名和其他信息,最好能通过一部法律,使所有政治资金的来源透明,这样我们就不会受到外国资金的影响。
- 废除“公民联合会”一案的裁决,从而使影响选举的资金 84
变少。
- 国会应该将我们的英制度量体系转换为更普遍使用的公制

度量体系。

● 国会应该正视美国公司的“倒置”问题，大量美国公司正在转变为外国公司。

● 由于企业所得税税率很高，数万亿美元的收入无法进入美国，国会对此应该有所举措。例如，可以降低企业所得税税率，让这些钱可以回到这个国家。

● 国会在华盛顿特区无法取得太大成就，主要是因为国会议员周一至周三在华盛顿，余下时间回老家。或许让他们在华盛顿连续住三个星期，然后再回老家住三个星期会更好。

注释

[1] C. Hulse，“Seeking to End Gerrymandering's Enduring Legacy”，New York Times，2016-01-26.

[2] N. Madigan，“Florida Court Finds Politics Determined District Lines”，New York Times，2015-07-09.

[3] P. Krugman，“Republicans Against Retirement”，New York Times，2015-08-17.

[4] 更多细节，参见 M. Welsh，“An Overview of the Development of US Congressional Committees”，Law Library Lights，47，3&4，2004；Law Library's Society of Washington，D. C. Inc，2008.

[5] A. Mitchell，“With Ceremony，Clinton Signs Line-item Veto Measure”，New York Times，1996-04-10.

[6] M. Short & A. Koening，“Giving Billions to the Rich”，New York Times，2015-11-23.

[7] 参见原文网址 http://en. wikipedia. org/wiki/United_States_federal_

government_shutdown_of_2013.

[8] Editorial，“A Shortage of Funds for Food Safety”，New York Times，2015-04-09.

[9] R. Cox，“GOP blocks Warren's student loan bill”，New York Times，2014-09-16.

[10] Schumpeter，“The Washington Wishing-Well：The Unstoppable Rise in Lobbying by American Business is Bad for Business itself”，The Economist，2015-06-13.

[11] M. Mizruchi，*The Fracturing of the American Corporate Elite*，Harvard College，Cambridge，MA，2013.

[12] G. Easterbrook，“Our Navy is Big Enough”，New York Times，2015-03-09. 也参见“With 8.5 trillion unaccounted for，why should Congress increase the defense budget”：www.thefiscaltime.com/2015/03/19/85. 85

[13] 这一领域值得一读的著作是 C. Lewis，*The Buying of the Congress*，Avon Books，London，1998；J. Nichols & R. W. McChesney，*Dollarocracy：How the Money and Media Election Complex is Destroying America*，Nation Books，New York，2013；M. Salter，“Sugar-coated Capitalism is No Free Market”，Forbes，2015-11-16.

[14] B. Allison & S. Harkins，“Fixed Fortunes：Biggest Corporate Political Interests Spend Billions，Get Trillions”，Sunlight Foundation，2014-11-17.

[15] L. Drutman，*The Business of America is Lobbying*，Oxford University Press，Oxford，2015.

[16] F. Fukuyama，“The Decay of the American Political Institutions”，The American Interest，2013-12-08.

[17] R. D. Wolff，“How the Rich Soaked the Rest of us”，Guardian，2011-03-01；*Democracy at Work：A Cure for Capitalism*，Haymarket

Books, Chicago, IL, 2012.

[18] L. Lessig, *Republic Lost: How Money Corrupts Congress—and a Plan to Stop it*, Hachette, New York, 2011.

[19] Z. Teachout, "Legalized Bribery", New York Times, 2015 - 01 - 26.

[20] 参见原文网址 http://en.wikipedia.org/wiki/lobbying#cite_note-twsNovZ111-22.

[21] 参见原文网址 http://en.wikipedia.org/wiki/lobbying#cite_note-23.

[22] Editorial, "The IRS Gives up on Dark Money", New York Times, 2015 - 07 - 25.

[23] S. Medvic, "There is Very Little Corruption in the US Politics", New York Times, 2013 - 04 - 03. 他的著作是 *In Defense of Politician: The Expectations Trap and its Threats to Democracy*, Routledge, New York, 2013.

[24] D. N. Cicilline & S. Rigell, "Teach Congress a Lesson", New York Times, 2015 - 01 - 02.

[25] Editorial, "Step Down, Senator Robert Menendez", New York Times, 2015 - 04 - 02.

第 4 章
重塑行政分支
——总统权力是否过大？

评价一个人得看他手握重权的时候做了什么。

——庇塔库斯（Pittacus）

89 正如国会很不受大家喜欢一样，现任美国总统也经常成为无限制的责骂或蔑视的目标，尤其是当总统能更有效地推动改革类工作的时候遭受的批评更多。美国最伟大的总统——包括林肯、泰迪·罗斯福和富兰克林·罗斯福等人——都遭受了势力庞大而财力雄厚的群体的蔑视。今天，许多批评人士对贝拉克·奥巴马都报以嘲笑和蔑视的态度。例如，保守派记者乔治·威尔（George Will）甚至指责奥巴马总统“利用行政威权主义来逃避宪法规定的分权制衡原则和试图改变现有的法律”。另一位保守派记者查尔斯·克劳萨默（Charles Krauthammer）则不无轻蔑地说，“正常的宪法规划约束不了像奥巴马这样有远见的思想家”。著名摇滚乐歌手特德·纽金特（Ted Nugent）在社交账号中称奥巴马总统是“低等混血儿”（subhuman mongrel）。[1]

2014 年，英国著名的创意之父约翰·霍金斯（John Hawkins）列出了他心目中的 50 个奥巴马腐败、不诚实和无能的例子。纽约市前市长鲁迪·朱利亚尼（Rudy Giuliani）所发表的一篇关于奥巴马当选的声明引发了一场风暴：“我知道这是一件可怕的事情，但我不相信新总统是热爱美国的……他不是像你我这样是在热爱这个国家的环境中成长起来的。”奥巴马当选后，参议院少数党领袖米奇·麦康奈尔立下了这样的“誓言”：“我们的首要目标就是让贝拉克·奥巴马只当一届总统”。

对奥巴马总统的攻击体现出了极端的党派性。尽管如此，越来越多的评论文章开始指出，奥巴马将有可能成为美国历史上最强大的总统之一。而且已经有文章详细列出了奥巴马任职以来所取得的 50 项成就。[2]

历史上对多数美国总统的轻蔑态度凸显了国会代表的立法分支和
90 总统代表的行政分支之间长期存在的冲突。国会中的多数党更偏好一位不那么强硬的总统，因为他不会干涉国会通过的立法，也不会推动太多新的法案。在国会看来，总统的工作主要是执行国会的政策。然而，事实是，即便是在单纯执行国会政策的过程中，总统也必须做出大量的决定。

为了帮助完成这项任务，行政分支设立一个庞大的官僚机构来协助总统，包括数千个不同级别的部、办、委、局来负责执行这些政策。除此之外，还有很多规章制度约束着总统，总统必须决定应如何在编制预算时把这些规章制度考虑进去，以及后期如何按制度执行。国会通常倾向于在适用规章时宜粗不宜细，但有一些总统则总是严格按照规章精神来执行和落实。

宪法赋予总统的权力和责任

美国宪法第 2 条规定了总统的权力和责任：

第 2 条第 1 款：资格。包括任职资格、薪俸确定、空缺和因丧失能力无法履行职责时的继任原则以及任职宣誓。

第 2 条第 2 款：总统的职权。包括担任美国武装力量总司令、处理内阁部长的意见、给予特赦、任命官员和缔结条约。

第 2 条第 3 款：总统的职责。包括向国会报告国情咨文、向国会提出建议、提议召开国会特别会议、宣布国会休会、接见外国使节，以及仔细而忠实地执行法律。

第 2 条第 4 款：弹劾。描述了弹劾总统的条件。

在本章，我们将对上述条款进行一一论述。

第 2 条第 1 款：资格

担任美国总统的首要条件就是必须在出生时就是美国公民。关于

91 这一点，面前最具争议的案例是关于奥巴马是否是在美国出生的公民，是否有资格成为总统。一时间，媒体上出现了许多阴谋论，涉及的问题包括但不限于：奥巴马的出生证明是否是伪造的，他是否确实出生在肯尼亚，或者他是否已经成为印度尼西亚公民。然而，2011 年 4 月，夏威夷州卫生部门公布了一份奥巴马原始出生证明的认证副本，两家夏威夷媒体都刊登了关于出生证明的声明。尽管有这样的证据，阴谋论观点仍然是不绝于耳。2011 年 5 月的盖洛普民意调查发现，13%的美国成年人（其中包括 23%的共和党人）继续对此表示怀疑。

更近的一个案例是关于总统候选人特德·克鲁兹是否符合“自然出生”的美国公民这一标准，因为他出生在加拿大，父母双方只有母亲是美国公民。这个问题最终以克鲁兹声明放弃加拿大公民身份、只保留美国公民身份而得以解决。

第 2 条第 1 款还讨论了总统的薪俸问题。在很长时间内，美国总统的年薪为 20 万美元。当小布什成为总统时，这一金额提高到了 40 万美元。此外，总统还有 5 万美元免税的年度费用补贴。退休后，前总统还将获得养老金、特勤局（Secret Service）专门保护，以及包括差旅、邮件、办公用品等方面的报销。他们的养老金随着现任内阁成员工资水平而浮动调整，截至 2008 年 3 月，这个数值为每年 19 万多美元。

多数的卸任总统可以通过接受演讲邀约等活动继续获得额外收入，例如邀请克林顿总统进行一场演讲的收费标准为 20 万美元。他们的另一个重要收入来源就是写书出书，比如克林顿夫妇各自出版了畅销书。此外，我们亦可以想象到卸任总统可以作为一些企业的游说顾问而挣到更多钱。尽管总统在任时的工资要远远少于一家大企业的 CEO，但是可以在卸任后利用这种独特身份参与各种活动来获得补偿。卡特总统和克林顿总统在卸任后仍然积极参与公共事务，利用他们的理念和人格魅力推动了全球范围内的各种善举。

在总统生病或丧失工作能力的情况下，情况就比较复杂了。宪法制定者们认为可以通过设置一个副总统职位以备不时之需。美国历史上，有 8 位总统在任期内去世，包括威廉·哈里森（病故）、扎卡里·泰勒（病故）、亚伯拉罕·林肯（暗杀）、詹姆斯·加菲尔德（暗杀）、威廉·麦金莱（暗杀）、沃伦·哈丁（病故）、富兰克林·罗斯福（病故）、约翰·肯尼迪（暗杀），旋即由副总统继任。这就显示出，在竞选时挑选合适且有能力的竞选伙伴的重要性。假定约翰·麦凯恩（John McCain）在 2008 年击败奥巴马赢得总统宝座，然而却不幸在任期内去世，他的竞选伙伴萨拉·佩林（Sarah Palin）接任，这是让大多数美国人无法接受的。

更有趣的问题是，如果一位总统似乎正在失去但还没有完全丧失意识或体力，那么政府应该采取哪些措施？加菲尔德总统被刺客子弹击中，卧床 11 个星期后去世，在此期间他无法工作，政府也没有人来领导。同样的情形也发生在麦金莱总统刚开始第二个任期就遭刺客暗杀之时，8 天后麦金莱就因重伤去世。肯尼迪总统后来严肃认真地对待这些悲剧，并要求国会制订一套明确的程序来应对这些紧急事件，这才催生了宪法第 25 条修正案。 92

第 25 条修正案涉及总统丧失能力或者如果不能履行其职责时政府应该如何应对。在一种极端情况下，如果总统患上阿尔茨海默病，进而完全不了解情况时，他将不得不被副总统取代。但如果仅仅是意识或体力逐渐减弱呢？据说，罗纳德·里根（Ronald Reagan）总统就曾经在内阁会议上睡着了，而且他身上有阿尔茨海默病的迹象，但这些都对公众隐瞒了。[3] 富兰克林·罗斯福总统的精力和体力在他的第 4 个任期时已经明显跟不上了。鉴于许多总统都是在较大年龄当选的，到70多岁或80多岁的时候，他们身体的各个方面都会呈现衰退迹象。这就使得公民会更加青睐年轻的候选人，因此当伯尼·桑德斯在74岁高龄之际宣布参选时，选民纷纷表示担忧。

第25条修正案规定，凡当总统向参议院临时议长和众议院议长提交书面声明，声称他不能够履行其职务的权力和责任起，直到他向他们提交一份相反的声明为止，其权力和责任都应由副总统代理总统（Acting President）履行。此后，当总统向参议院临时议长和众议院议长提交书面声明，声称丧失能力的情况已不存在，应恢复总统职务的权力和责任时，总统应即恢复职权和责任，除非副总统和行政各部首长中的多数或国会中的多数在4天之内向参议院临时议长和众议院议长提交书面声明，声称总统不能够履行总统职务的权力和责任。在此种情况下，国会应决定这一问题，如在休会期间，应为此目的在48小时以内集会。如国会在收到后一书面声明后的21天以内，或如适逢休会期间，则在国会按照要求集会以后的21天以内，以两院议员总数的三分之二多数决定总统不能够履行职权和责任，副总统应继续作为代理总统履行总统职务的权力和责任；否则总统应即恢复职权和责任。

第2条第2款：总统的职权

美国宪法明确规定总统为美国三军总司令，军事部门的负责人都要向总统负责，但总统不能宣战。根据美国宪法第1条第8款第11项的规定，只有国会才能宣战。1973年国会通过的《战争权力法案》（War Powers Act）允许总统在没有国会正式宣战的情况下只能在60天内动用军队，60天期满后，总统可向国会递交正式请求，无论国会同意与否，可再获得额外30天活动期。但正式宣战权仍在国会手中。

不过，总统可以依据上述法案派遣军队。2002 年，美国国会通过了一份题为《授权对伊拉克使用武力决议》的文件，授权总统使用一切“必要和合适”的军事手段保护美国国家安全。这可以被解释为宣战，尽管国会没有使用这些明确的词语。在历史上，美国正式向外国宣战有五次，每一次都是总统先递交请求，国会再通过。 93

总统还领导着一个由行政部门首长和其他人员组成的内阁，是美国的政府首脑。总统通常从他自己的政党中任命部门首长。在所有的总统中，只有林肯和奥巴马确实从另一政党中挑选了一些部门首长候选人。总统负责提名政府部门的负责人，然后必须经参议院批准后方能正式上任。总统也负责提名联邦法院法官和最高法院大法官。此外，宪法对总统的特赦权几乎无限制，总统可在没有国会批准的情况下赦免任何联邦罪行。

最高法院和国会都会密切关注总统越权的任何行为。2014 年 6 月，最高法院裁定奥巴马总统在国会休会期间任命 3 名国家劳工关系委员会（National Labor Relations Board，NLRB）高级官员的行为属于越权。当时，国会似乎是在常规休会，奥巴马总统确实想利用这个空档期进行任命，特别是考虑到他在国会常规会议期间的任命经常被否掉这一现实。但共和党人认为，一些共和党国会议员正在处理公务，因此，不能说国会处于全面休会状态。所以，奥巴马的任命被裁定为越权。

第 2 条第 3 款：总统的职责

为开展工作，总统可以发布具有法律效力的行政命令（executive orders），这些命令不必经国会批准。总统也需要在每年年初到国会向参众两院的联席会议发表国情咨文。他可以提议召集国会特别会议。

他也可以行使总统否决权，否掉国会批准的立法。然而，否决权是有限定条件的，必须对法案整体否决，即总统不能只否决某项立法的特定部分；而且，国会如果有三分之二多数票，也可以再次推翻总统的否决。

总统的职责包括接见各国使节，并与其他国家的领导人在国际事务中进行合作。他有权在参议院批准的情况下与其他国家或国际组织签订条约。美国目前与 20 个国家签署了 14 项自由贸易协定。2015 年，奥巴马总统忙于与亚洲国家达成一项名为“跨太平洋伙伴关系”（Trans-Pacific Partnership）的重要贸易协定。参议院议员和其他人抱
94 怨说，奥巴马没有向立法机关或美国公民充分说明拟议协定中的条款。奥巴马显然不希望在协定起草期间就每一项条款进行持续辩论；他宁愿推迟辩论，直到整个协定提案准备好供参议院辩论和批准。

第 2 条第 4 款：弹劾

美国宪法第 2 条第 4 款规定：“美国的总统、副总统以及全部官员，因叛国罪、受贿罪或其他严重犯罪和轻罪被提起弹劾而定罪的，均应被免职。”众议院拥有启动弹劾的权力。国会众议院负责发起弹劾案，而参议院的工作则是在最高法院首席大法官的主持下审理弹劾案。众议院必须过半数才能启动弹劾程序，参议院在审理弹劾案时必须有三分之二多数票才能定罪。参议院一旦将其定罪，被弹劾的官员将自动被免职。总统如果遭到弹劾并被定罪，那他就再也不能担任公职了。

1868 年，美国第 17 任总统安德鲁·约翰逊在任职期间被弹劾。他被 35 名参议员认定有罪，仅比给他定罪所需的三分之二多数票差 1 票。1974 年，理查德·尼克松总统因水门事件而面临被弹劾指控，他最终选择辞职。1998 年，克林顿总统成为第二位被众议院弹劾的总

统，参议院最后裁定他无罪。

国会如何才能限制总统的权力？

美国宪法明确规定，国会拥有制定法律的专属权力，总统的工作是执行国会的指示。然而，我们看到在很多情况下，国会的立法是原则性的和松散的，总统在具体操作时必须填充大量细节，并按照自己的理解来执行落实国会的意图。

宪法学者认为，1787年的制宪会议花在关于国会权力的设计上的时间和辩论远远多于关于总统权力的内容，也许是因为不想限制即将就任第一任总统的乔治·华盛顿。美国是通过普选方式，而不是世袭或其他方式来选举领导人。这在当时是新鲜事物。虽然麦迪逊认为立法机构无论如何都要占主导地位，但亚历山大·汉密尔顿（Alexander Hamilton）更倾向于设计一个拥有与欧洲君主权力相媲美的行政机构。[4]

随着时间的推移，权力越来越多地流向行政分支。公众也已经意 95
识到，在一个快速变化的不安全的世界中，国会再也无法做出及时的反应。总统必须能够自由地对新的事态发展和威胁做出迅速反应。此外，执行法律需要一个日益庞大的行政体系，它通过各行政部门首长向总统报告。国会因而无法监督处理国家事务中的所有活动。最后，像林肯和两位罗斯福这样的强势总统在不同的威胁和情况下展示了总统权力的合理性和必要性。[5]世界变化太快，总会出现新的机会和新的挑战，这就要求总统成为一位积极主动的总统，而不仅仅是一位被动等待国会回应的总统。

奥巴马总统已经采取了相应政策措施来绕过陷入僵局的国会。他宣布了一项新政策，允许美国公民的无证父母在美国生活和工作 3 年，而不必担心随时会被驱逐出境。得克萨斯州和其他 25 个州立即提起诉讼，称总统超越了他的权限。各州没有选择国会使用其投票权来阻止总统这样做，而是选择走司法程序，各州作为原告，要求法院阻止总统的政策。最高法院有望来处理这一问题，并防止针对总统的案件。

国会与总统冲突的两个著名案例

扬斯敦钢铁公司总统权限案（*Youngstown Sheet & Tube Co. et al. vs Sawyer*）

1951—1952 年，钢铁工人工会正在和钢铁企业讨价还价，试图为钢铁工人谋得更好的待遇和工作条件。然而，一系列想达成协议和和解的努力最终都未能成功。1952 年 4 月 4 日，钢铁工人工会发出通知，计划在 4 月 9 日凌晨 0 点 01 分正式开始全国大罢工。在罢工正式开始前几小时，美国总统杜鲁门发出 10340 号行政命令，指示商务部部长正式接管全国绝大部分钢铁企业并负责全面运营。总统声称，这一必要措施是为了避免因钢铁制造业的停摆而可能导致的全国性灾难。由于钢铁是所有武器制造业不可或缺的原材料，杜鲁门总统相信钢铁工人的罢工会直接危及国防。然而，钢铁企业主们拒绝总统的这一行政命令，并认为发布命令这个行为等同于在制定法律，而制定法律的权限只有国会才有。因此，钢铁企业一纸诉状将总统推上被告席，该案由联邦地区法院来审理。总统认为他的行为是依据宪法赋予国家首席执行官和武装力量总司令的职权而做出的，是合法的。第二天早上，总统向国会发出正式信函，报告了他的行动。但国会没有采取任何行动。

最高法院裁定，宪法和国会都没有授予总统接管和运营任何私营公司或行业资产的权力。但是，扣押令（seizure order）是否属于总统在国家安全方面被宪法赋予的权力？最高法院决定不允许总统采取这种行动，而是倾向于让劳资纠纷通过集体谈判以及调解、协商、调查委员会调查、公开报告和可能提供冷静期的临时禁令来解决。当上述策略都归于失败时，如果工会成员投票支持罢工，那么他们可以自由选择罢工。[6]

《纽约时报》诉美国案（*New York Times vs United States*）

1971 年，美国总统尼克松以可能对国家安全造成危害为由，希望阻止《纽约时报》和《华盛顿邮报》发表一份题为 96
《美国对越南政策决策过程的历史》（*History of U. S. Decision-making Process on Vietnam Policy*）的涉密报道。毫无疑问，总统有责任保护国家安全。他有权诉诸最高法院以禁止发表相关材料。然而，最高法院则更希望维护保障言论自由的宪法第 1 条修正案。最高法院希望国会通过一项法案，授权总统限制涉及国家安全相关的信息的发布。

但鉴于国会没有采取任何行动，最高法院必须做出决定，最终裁定总统无权禁止发布上述文件。在这种情况下，宪法第 1 条修正案保护的言论自由权优先于总统得采取行动阻止他认为会危害国家安全的行动的权利。

改善立法分支和行政分支之间的关系

国会显然对任何总统可能采取的行动或主张的权力都非常敏感，

而这些权力不是宪法和国会界定的，而且这些权力将产生创设新法律
97 的效果。国会担心一位权力增长过快的总统。这是国会对富兰克林·罗斯福在20世纪30年代大萧条期间提出许多新法律和新方案时的看法。当罗斯福提议将最高法院的大法官人数从9人增加到15人并做出其他改变时，国会终于对他出手了。最高法院推翻了几项新政立法，称这些法律赋予了行政部门太多的权力。1936年，罗斯福以压倒性优势赢得连任，并于1937年2月提议所有年届70岁的大法官都应该全薪退休。任何拒绝退休的大法官都会被配上一个拥有完全投票权的"助理"。批评者站出来指控罗斯福试图"填塞最高法院"（pack the Court）。当2名最高法院法官转向自由派立场和观点时，罗斯福态度有所缓和。7月，参议院以70票对22票否决了罗斯福的法院重组计划。

总统的个性也极大地影响了他与国会合作的能力。民主党总统林登·约翰逊非常有效地在国会中培养了很多支持自己的人——包括共和党人——与他合作通过民权立法。也有可能是他知道很多关于国会议员的秘密，以确保他们会投票支持他的政策。与其相反，奥巴马总统在任期内面临了诸多对手。共和党人对他们中意的候选人约翰·麦凯恩输给这位几乎没有政治经验的新参议员而感到恼火。他们发现奥巴马太急于推进民主党的想法，他们甚至从"贝拉克·奥巴马"这个奇怪的名字出发质疑他是不是一个真正的美国人。在选举之前，关于要选出第一位非裔美国总统，美国国内已经出现了一股暗流涌动的偏见。而奥巴马在就任总统以后，似乎更习惯只和一小部分内部人士合作，余下的时间他都与家人一起度过。他并没有像约翰逊总统那样以全部的精力和时间去培养国会中的盟友，因此可以说，他失去了约翰逊那种影响力。

任何一位新总统都会立即失去反对党的支持。每个政党都有自己的议程和机制，以确保统一投票来支持或反对任何法案。近年来，这一问题恶化为政治僵局，导致国会无法通过一些急需的立法。在更早的时候，一些重量级的国会议员却都能得到反对党成员的尊重。想想参议员特德·肯尼迪（Ted Kennedy）是如何与对面的国会议员合作的。基本规范是，双方都必须学会妥协，只要双方看起来都很好，甚至看起来像是占便宜了，法案就能获得通过。

总统如何提升官僚机构的效率？

作为负责执行联邦政策的行政首长，总统管理着一个由数千个部 98
门、办公室、委员会和其他组织单位组成的庞大的官僚机构。仅在政府卫生系统内，总统想要获取更多医疗卫生方面的信息，就要联系超过 16 个机构。[7]我们现在讨论的是庞大的公务员体系和队伍。所有的公务员都通过了资格考试，他们在他们的职责和责任方面都得到了很好的训练。世界各国政府雇员的质量水平各不相同，新加坡、日本、加拿大、英国和斯堪的纳维亚国家的政府能够吸引和留住很多优秀人才，这些人才在政府体制外也有很好或更好的机会，但他们更愿意担任公务员。[8]

政府组织的效率和效力不仅取决于这些组织的结构方式以及是否有明确的使命和目标，还取决于管理这些组织的公务员的素质。著名政治学者保罗·莱特（Paul Light）在他的《执行不力的政府》（*A Government Ill-Executed*）一书中写道，联邦政府目前遇到很多阻碍因素，致使其无法吸引和留住高层次人才和优秀的工作人员。

第一个问题是，提名和确认过程变得越来越漫长，具有侵入性、激烈性和政治性。如果一个政党怀疑一位被提名人对总统政策有党派性的支持，它就会攻击候选人，威胁要采取冗长的议事程序，并尽可能拖延时间，直到候选人放弃为止。许多高素质的候选人要么会在任命后拒绝就职，要么会尝试一下但很快失败。然后，反对党——通常是共和党人——会找碴说政府运转不灵，而其实是他们一直在阻止那些能够真正高效和有效地管理一个部门的人才进入政府体系。

第二个问题是，政府的薪级也可能涉及候选人预期收入水平的降低。一所重点大学的高水平教授接受任命担任政府公职，那么就必须接受收入水平减少20%～50%的现实。而如果这些教授到私营企业的话，会赚得更多。

第三个问题是，许多政府部门墨守成规的性质，可能会限制有想法的新领导推行他们想要进行的改革的权力。由于对政府官僚主义、形式主义作风的失望，新的部门主管将选择缩短任期，并比计划更早地离开政府。总统可能也无力帮助这些人停留更长的时间和给予他们更多的支持。[9]

结论

99 国会通常对新总统很苛刻，因为不管是国会还是大选中失利的那一方，都想要尽早表明，唯有国会才有创制新法律的权力。由于许多新法律没有得到很好的定义，总统将不得不一边执行它们，一边解释其意图。国会可能不喜欢总统的解释，也可能不同意总统花大部分时间去执行的那些项目。此外，新发生的事件和情形往往要求总统尽早或立即采取行动，因为国会的动作会慢得多。因此，总统和国会之间存在紧张关系的原因有很多。一位新总统既可以选择对国会表现出充分的尊重，以至于什么都做不了；也可以选择对国会持续施压让其动起来，以至于引起它的敌意。一个很大的影响因素在于美国公众对其总统的喜爱程度。一位聪明的总统会精心培养本党和反对党中的支持者，并做出最终将赢得公众支持的决定。

注释

[1] M. Whitaker, "Ted Nugent calls Obama 'subhuman mongrel'", MSNBC, 2014-01-24.

[2] P. Glastris, Ryan Cooper, & Siyu Hu, "Obama's Top 50 Accomplishments", *Washington Monthly*, 2012, 3—4.

[3] K. Moisse, "Could Someone Run the Country with Alzheimer's Disease?", *ABC News Medical Unit*, 2011-01-17. 里根总统在第二个任期结束刚6年的时候就被确诊患有阿尔茨海默病，他的儿子也说，父亲仍在任时就已经显现出了阿尔茨海默病的一些迹象。

[4] [5] "Exploring Constitutional Conflicts": http://law2.umkc.edu/faculty/projects/ftrials/conlaw/prespowers.html.

[6] 关于扬斯敦钢铁公司一案，参见 http://law2.umkc.edu/faculty/projects/ftrials/conlaw/youngstown.html.

[7] 参见 www.date.gov.

[8] Editorial: "Civil-service Reform: Modernizing the Mandarins", *The Economist*, 2014-08-09.

[9] H. Pollack, "Why it's Rare for Someone Like Ashton Carter to Work in Government", *Washington Post*, 2014-12-05.

第 5 章

重塑联邦司法程序

——司法机关是否在影响立法过程?

不要判断，你永远不会被误解。

——让-雅克·卢梭（Jean-Jacques Rousseau）

103 法院代表美国政府的第三个分支，即司法分支，它们的职能是为国会代表的立法分支和总统领导的行政分支提供制衡制度。如果有相关案件递交到法院，则法院可以决定国会通过的某项法律是否符合宪法，总统的某项行动和决策是否符合宪法，以及某个州的行动是否符合宪法。当最高法院裁定国会通过的法案或决议违宪时，看起来是最高法院实际上在创制或影响立法，即便众所周知立法权只应属于国会。最高法院还不时以违反宪法为理由否决总统的行为。

最近的一个案例就体现了最高法院这个权限。当奥巴马总统在参议院休会期间任命了国家劳工关系委员会的三名新成员时，国会却表示，当时仍有一些议员继续在国会工作，所以认定总统在没有征询国会意见的情况下任命官员，已属越界。案子最后到了最高法院，而最高法院也裁定，奥巴马总统在做出这三项任命时确实越界了，因为国会“仍在会期中”（in session）。

美国宪法第 3 条规定了联邦政府的司法分支组成和原则，即“司法部门由美国最高法院以及国会在适当时候规定和设立的下级法院组成”。这一条款里提到的“下级法院”（inferior Courts）包括联邦地区法院、破产案法院和巡回上诉法院，每年接受的初审案件约 130 万起。联邦最高法院每年都会收到超过 8 000 个案件，但一般而言，其仅接受不到 80 个。案件要被最高法院接受，必须至少有 4 名大法官同意审理该案件。

104 当前，最高法院由总统提名并经参议院批准的 9 名大法官组成，然而美国宪法文本并没有关于最高法院由 9 人组成这一明确规定。这一数字随着时间的推移会发生变化。历史上，富兰克林·罗斯福总统就曾试图为最高法院再增加 6 名成员，但被民主党控制的国会否决。法院是法律的最终仲裁者，负责确保美国人民在法律面前享有平等正义的对待。实际上，美国宪法文本中也并未规定法院是最终的仲裁者，这一传统是由美国建国之初的首席大法官约翰·马歇尔（John Marshall）确立的，他在早期的最高法院任职 35 年（他是第四任首席大法官）。最高法院的宪法解释权在 1803 年得到确认，当时马歇尔领衔的最高法院在著名的“马伯里诉麦迪逊”（*Marbury vs. Madison*）一案中裁定，最高法院可以宣布国会的法案违宪，尽管美国宪法并没有直接明确赋予最高法院这样做的权力。

人们可以质疑这 9 名大法官是否有足够的经验来代表美国的广泛意见。几乎所有的现任大法官都是哈佛大学或耶鲁大学毕业，他们中的大多数来自纽约，几乎所有人在获得任命以前都是联邦法官。过去，几乎所有的法官都是新教徒；今天，现任法官中有 6 人是天主教徒，3 人是犹太人，这就提出了新教徒和其他宗教团体（包括无神论者）是否能被代表的问题。过去，所有的大法官都是男性；今天，9 人中有 3 人是女性。所有这些都提出了一个问题，即这 9 名大法官是否拥有足够多的工作和生活经验来公平地代表我们国家的各种利益。或者换一种说法，法院难道不应该有更高的多样性吗？

最高法院于每年 10 月初开始运作，并于次年 6 月底对所有提交审理的案件做出裁决，它必须不断地在社会对安全和秩序的需要与个人的自由权之间保持平衡。最高法院拥有“司法审查”的权力，但也必须努力维持一部“有活力的宪法”，以适应和解决 200 多年前的宪法制定者们从未预料到的新问题。因此，最高法院时常会介入宪法解释，其做法就是审理涉及宪法问题的案件和争议。最高法院并不是只给出咨询意见，而是对具体案件做出裁决。在涉及各州之间的争议或州与联邦政府之间的冲突的案件时，最高法院也必须单独做出裁决。

大多数人认为最高法院在历史上做出了很好的决定，推动了历史的进步。例如，最高法院否定了只有白人参加的政党初选机制，并坚持黑人和白人儿童在同一间教室接受教育；它使同性婚姻合法化，并在许多情况下支持公平投票。然而，在更早的时候，最高法院也支持过人头税和识字测试（作为投票权的先决条件）。最尖锐的批评是，最高法院的多数派在很大程度上有利于大企业和大公司的利益。在著名的“公民联合会”一案中，最高法院以 5 比 4 的投票结果裁定，企业、
105 工会和各类协会可以花费巨资影响选举。因此，法院的裁决并不总是值得称赞的典范。值得庆幸的是，60％的财富 300 强公司同意不把公司的钱捐出去。

大法官们是严格独立的还是有党派偏见的？

大法官们在解释和适用宪法于具体个案时通常采取两种观点。当法官们回到美国宪法的文本中，并试图确定宪法在通过时的固有含义时，他们被称为原创论者（originalists）或文本主义者（textualists）。他们希望获得与制宪者在起草和批准宪法时意思一致的解释，这可能包括解释生活在当时的时空条件下的理性人会如何来理解宪法文本。原创论者在美国的许多政治保守派中很受欢迎，主要以现任大法官克拉伦斯·托马斯（Clarence Thomas）和已故的安东宁·斯卡利亚（Antonin Scalia）为代表。

非原创论者认为，美国宪法应该是一份更有活力的文件，要更适应 200 多年前不存在的新条件和新问题。为了使美国宪法能够长期存在，解释必须更加灵活，并能更好地适应不断变化的环境。生活在现代世界的我们怎么会知道 200 多年前制宪者在面临下列问题时的想法：例如男女之间是否应该同工同酬？又如同性之间的结合是否符合对婚

姻意义的解释？1868 年通过的宪法第 14 条修正案进一步开启了公民权利，规定任何一个州“不经正当法律程序，不得剥夺任何人的生命、自由或财产”。但即便是这一修正案，也不得不取决于对公民权利的司法解释。最高法院中的非原创论者在解释美国宪法文本及其修正案时往往显得更加灵活。

让我们继续回到大法官在决策中是否会受意识形态影响这一问题，答案是肯定的。大法官的观点越来越倾向于党派性，我们只要观察一下最高法院投票裁决结果是 5 比 4 的绝大多数个案，就能大体掌握某些大法官的投票偏好。由更趋于保守倾向的总统任命的 5 名大法官往往会抱团投票，尽管他们得出相同的结论的理由不尽相同。这个规律同样适用于由自由派总统任命的 4 名大法官。一位研究人员发现，法官群体往往比律师群体更趋于保守，这意味着我们的法庭普遍存在保守偏见。[1]

要纠正这种党派性思维，就需要未来再任命大法官时，应该选择 106
那些在做决策的时候能更愿意接受不同意见的候选人。这方面一个很好的例证便是安东尼·肯尼迪大法官，他有时会站在自由派立场上投票，有时则会与保守派一起投票。通常，他是支持占多数的保守派大法官们，但在同性婚姻和其他一些社会问题上，他也偶尔会站在最高法院里更偏自由派的大法官一边。

事实是，在大法官判案的过程中没有办法消除主观性。即使最高法院的 9 名大法官都阅读了关于某个案件的相同的卷宗，他们也会因为不同的经验和观点而给出不同的裁决意见。诸如“残酷和不正常的惩罚”或“不合理的搜查和扣押”等概念会随着时间的推移而发生改变。最高法院对每一个案件的审理都会提出无数的考虑因素，大法官们往往要权衡司法干预对社会带来的好处与保护隐私权何者更为重要。

那种认为大法官只是被动地使用法律的观点是错误的，大法官们也会主动地创制法律。大法官的价值观和观点会带来极大影响，所以说没有客观判断这回事。[2]

和总统一样，最高法院也经常被指责越权。2015 年，来自得克萨斯州的参议员特德·克鲁兹在听取了法院对《平价医疗法案》和同性婚姻等问题的裁决后，对最高法院大加批判，谴责法院“目无法纪”和“厚颜无耻”。克鲁兹认为，这种做法严重威胁到了“我们的代议制政府的基础”。他呼吁通过一项宪法修正案，取消大法官的终身任期，并用保留选举（retention election）的方式决定其去留。对大法官进行留任投票的想法很糟糕，因为大法官谋求再次当选的愿望会影响到他们的判断。大法官一经任命便任职终身，这一制度的全部目的就是要使大法官们免受政治压力，尽可能保持他们的独立性。

一个不那么激进的建议或许是限制最高法院大法官的任期。关于具体操作，其中一种提议是为大法官设定任职年龄上限，例如到了 80 岁就得退下来。由于大多数大法官获得任命时才 50 岁左右，这也使得他们得以在最高法院服务 30 年之久。另一种提议是要求将他们的任期限制在 18 年以内。这意味着他们的任期等于 3～5 任总统任期。

最高法院在推动社会进步方面的角色

最高法院并不想把很多公共性话题列入其被审理案件之列，比如非法移民子女的地位等问题。最高法院不行动，国会就采取拖延策略
107 （kick the can down the road）。总统此时也被束缚住手脚，他能做的只能是给国会施加压力，不断催促国会有所作为，但是通常也还是没用。

民意调查也常常显示公众会对一些新的权利表示出浓厚的兴趣，

最终的解决之道就是以最高法院介入某些重要案件并做出裁决的方式推进公民权利。如果国会缺乏勇气和意志去处理一些影响社会发展进程的重要公共性事件，那么最高法院就必须站出来成为保护人民权利的最后安全阀。因此，当最高法院承认同性伴侣同样享受婚姻权时，这就变成了一种受宪法保护的权利，此时国会也不得不接受，即便一些保守派议员大肆贬斥最高法院并扬言要惩罚大法官们的“独立”行为。这里我们看到，如果绝大多数美国民众都喜欢并赞同某种观点立场而此时国会又太滞后没有任何举动的话，那么最高法院就承担起改革的发起者这一重要角色。[3]

那些认为最高法院享有了太多权力的人也曾提议了不少限制其权力的修正案，例如：允许超过三分之二多数的州推翻最高法院的决定，禁止国会立法监管那些仅仅在某一州范围内发生的行为，要求最高法院在宣布一部经民主程序通过的法律无效时必须获得至少 7 名大法官的同意。截至目前，上述提议均未获得通过。[4]

最高法院影响力最大的三个典型案例

罗诉韦德（*Roe vs Wade*，1973）（2022 年 6 月，最高法院已推翻此案裁决，结束了近 50 年来对堕胎的宪法保护。——译者注）

绝大多数的州都以各种不同的方式限制堕胎。1973 年，联邦最高法院受理了一起涉及得克萨斯州限制堕胎法的案件，该州法律规定除非涉案女性因被强奸或乱伦而受孕，否则不允许进行堕胎。几经周折，1973 年 1 月 22 日，美国联邦最高法院最后以 7 比 2 的表决，确认妇女决定是否继续怀孕的权利受到宪法上个人自主权和隐私权规定的保护，同时亦认定得克萨斯州限制堕胎的相关法律规定违背了美国宪法第 14 条修正案的原则。

第 14 条修正案原文如下：

> 所有在美利坚合众国出生或归化合众国并受其管辖的人，都是美利坚合众国的和他们居住州的公民。任何一州，都不得制定或实施限制美利坚合众国公民的特权或豁免权的法律；不经正当法律程序，不得剥夺任何人的生命、自由或财产；在州管辖范围内，也不得拒绝给予任何人以平等的法律保护。

108

也就是说任何州都不得在不经正当法律程序的情况下限制公民特权或剥夺公民的生命、自由或财产。按照这一法律原则，任何一名女性都有“自由权”决定如何使用其“财产”（她的身体）。只要她想，她就可以选择做堕胎手术。如果她不想要肚里的孩子，她可以决定不生，也不必去冒尽各种风险去做非法堕胎手术。然而，大法官们也承认州政府可以基于州之合法利益或责任，保护出生前之生命（prenatal life）和女性之健康。当认识到妊娠晚期的堕胎手术可能会损害妇女的健康或伤害可存活的胎儿时，最高法院裁定，各州可以禁止受孕 24 周或 28 周后堕胎。

最高法院的这一决定被支持堕胎（pro-choice）的公民和团体视为胜利。随后，各地都设立了许多计划生育诊所（family planning clinics）来给怀孕女性提供建议并实施可靠的堕胎手术。然而，反对堕胎（pro-life）的公民团体也逐渐壮大，他们在这些“堕胎诊所”附近组织了激烈的基层示威活动，并用威胁的目光盯着那些进入诊所的女性，在少数极端案例中他们威胁诊所医生，甚至一名进行堕胎的外科主刀医生也遇害身亡。一些州支持“生命权”（right to life）的州议员仍然在试图给堕胎加上各种限制条件，有些人甚至指出，即便是强奸和乱伦也不足以成为允许堕胎的坚实理由。另外有些州要求女性在进行堕胎手术前要至少前往诊所两次。例如得克萨斯州就要求，所有女性在堕胎手术 24 小时前，必须通过超声波系统看一看肚里未出生的胎儿。除此之外，主刀医生也必须向接受手术的女性宣读州政府强制要求的术前通知，包括堕胎手术的医学风险以及除堕胎之外的其他选项（包括出生后的孩子可被安排收养）。还有些州则要求诊所需要达到现代医院标准的医疗设备和程序方可实施相关手术，以保证女性的健康。这一规定直接导致不少计划生育诊所不得不关门，因为他们负担不起这种大型综合医院标准的设备。最高法院在 2016 年会审查该规定之合宪性。

反对堕胎的公民团体认为，一个人的生命始于受孕之时，即自受精卵阶段其生命就已经诞生。他们认为，自生命诞生时就已经形成了“人格”（personhood），而国家不能“剥夺”人的“生命、自由或财产”。如果人们同意人在受孕时已经有了生命，那么关于母亲和胎儿之间谁的权利更加重要，就存在着必然的争论。如果母亲作为女性的权利更重要，那么她会继续活下去，但她的胎儿则会死去。但是这里需要注意的是，那种认为在受孕时生命即诞生且人格即形成的观点是一种基于宗教的观点，而不是一种科学概念，因为受精卵没有人格或性格，只有可能性。所有的 9 名大法官都裁定胎儿并不具备法律意义上人的条件。已故的大法官斯卡利亚认为，美国宪法第 14 条修正案的制定者在定义人时，其本意指的是一个“可以四处走动”（walk-around）的人，而不是一个受精卵。

最高法院最近没有对各州通过的后续限制做出裁决，尽管下级法院正在审查这些限制。“罗诉韦德”案表明，最高法院是如何与强调州权的人士发生意见冲突的，后者希望每个州的人民都有权决定各州如何处理堕胎问题。那些在严格限制堕胎权的州
109 的女性可以选择在“有堕胎权”的州进行手术。这是中产阶级女性可能会做的事。但是这忽略了大量贫穷的孕妇想要终止妊娠，却缺乏资金前往另一个州进行手术这一现实。这个问题很可能长期得不到解决。一方面，支持堕胎的人想要一部全国性的法律，认为堕胎是合法的，且无任何附加条件；而另一方面，反对堕胎的人也想要一个全国性的法律，规定堕胎在任何地方都是非法的。

最高法院承认同性婚姻的权利

2015 年 6 月 26 日星期五，联邦最高法院以 5 比 4 的投票结果承认了全国范围内同性婚姻的权利。在此之前，同性伴侣仅可以在 16 个州合法结婚，但其他州不允许这样做，也不承认在其他地区登记的同性婚姻。最高法院的这一决定使得同性婚姻在原本受禁的 34 个州成为现实。安东尼·肯尼迪大法官执笔撰写的多数派意见为这一决定给出了最为雄辩的论证：“人与人之间没有任何结合比婚姻这种形式更深刻，因为它体现了爱、忠诚、奉献、牺牲和家庭的最高理想。在形成婚姻关系的过程中，两人的结合变得比他们曾经的各自都更加伟大。”他接着说，婚姻是“我们社会秩序的基石（keystone）”，原告所诉求的正是“法律眼中的平等尊严”。肯尼迪大法官曾经执笔撰写了最高法院之前的三项具有里程碑意义的同性恋权利裁决书，包括推翻了得克萨斯州一项将同性性行为定为犯罪的法律的裁决。

公众舆论迅速变化，其他 21 个国家也承认了同性婚姻的权利。美国的民意调查显示，大多数美国人也赞成同性婚姻。但投票反对这一决定的其他 4 名大法官表现出了从沮丧到蔑视的情绪。首席大法官小约翰·G. 罗伯茨（John G. Roberts，Jr.）说，那些赞成决定的人可以庆祝，但这个问题与宪法及受宪法保护的权利无关。他认为这一决定是一种展示意志的行为，而不应该由司法判断来决定。他认为那些有信仰的人民会对此很不舒服，因为这个决定似乎损害了宗教自由。他主张，应该让同性恋权利的活动家们利用政治程序，一个州一个州地循序渐进，最终取得更有说服力的胜利，而不是像现在这样利用最高法院裁决一刀切地行事。

已故大法官安东宁·斯卡利亚嘲笑肯尼迪大法官高谈阔论的措辞充满着自命不凡和自负。在大法官克拉伦斯·托马斯的支持下，斯卡利亚大法官撰写了不同的意见书，他们认为最高法院的多数派发现了一项基本权利，该权利被每一个在批准它时还活着的人以及此后的几乎所有人都忽略了。斯卡利亚大法官在捍卫最高法院的“原创论”观点，而肯尼迪大法官则信奉“一部充满活力的宪法”的观点。肯尼迪大法官说，《权利法案》和美国宪法第 14 条修正案暗示了对所有人享有和行使自由权利的一种延伸的观点。他还认为，重要的是，由同性伴侣收养的孩子知道他们的爸爸或妈妈也是合法结婚的，而不是遭受低人一等的污名。 110

参加 2016 年大选的共和党总统候选人对这一决定嗤之以鼻。阿肯色州前州长迈克·赫克比（Mike Huckabee）要求人民起来“抵制和拒绝司法暴政”。威斯康星州州长斯科特·沃克说：“对美国人民来说，唯一的选择就是支持一项新的美国宪法修正案，以重申各州继续保有定义婚姻的能力。"

这起案件清楚地表明最高法院的判决是如何制定新的法律的，这在技术上本应该是国会的权限。而最高法院内部对该案件的分歧也很明显。根据肯尼迪大法官的说法，同性婚姻应该受到宪法的保护。而根据小罗伯茨大法官的说法，宪法对同性婚姻没有任何规定。

最高法院关于《平价医疗法案》的决定

2010 年 3 月 23 日，全称为《患者保护与平价医疗法案》(Patient Protection and Affordable Care Act) 的奥巴马医改方案获得国会投票通过，并由奥巴马总统签署生效正式成为法律。这部新法律旨在解决 4 000 多万美国人看病难看病贵的问题。这些美国民众没有参加任何医保计划，或是对自身健康不在乎，或是只去医院看急诊。

新法律也规定，私营的医疗保险公司不得因患者有病史而拒绝其投保。新法律还设立了一项制度，确保每个公民都能自选参保条款。那些没钱买医疗保险的人将获得补助，而其他经济条件好的人则必须出钱参加医保，否则就会面临罚款。

为了抵消掉那些需要参保的人的成本，新法律要求大多数人都必须出钱参加医保，而如果不参保就要被扣以年度罚金。新法律为中低收入水平家庭提供了补贴，这些补贴不以现金方式发给上述家庭，而是直接划给保险公司，保险公司再按月给参保的中低收入家庭的报销费打折。平均来看，这些补贴可以让参保家庭每月的保险费减少 75%。

联邦政府开发了一个加入平价医疗法项目的在线程序，在排除一些电脑故障后，公民加入该项目变得更容易。联邦政府的计划是与每个州合作建立一个医保交易所，以处理公民的保费支付和补贴发放。一些州接受了这一安排，而其他州则拒绝与联邦政府合作，这些州不想让联邦政府强行规定它们应该如何满足公民的医疗需求。

《平价医疗法案》旨在创建一些交易所，为那些没有其他保险来源的人提供个人和家庭医疗保险的选择。该法案希望和鼓励各州能建立自己的医保交易所，而在那些不想建立医保交易所的州，联邦政府将承担起这个职责。这些交易所将为那些没有能力购买自己的医疗保险的公民提供补贴。该法案还规定，上述补贴只会在建立了医保交易所的州发放。

自 2010 年《平价医疗法案》通过以来，国会中的共和党人就一直在试图废除或削弱该法案，他们拒绝将医疗保健视为一项权利。然而，美国人民在 2008 年投票选出了一位承诺创建全国医疗保险体系的总统，并在 2012 年再次把选票投给了他，而不是另一位声称要取消医疗保险权利的候选人。尽管如此，共和党人还是向最高法院提起了三次诉讼，以推翻该法案。2012 年，共和党人提起诉讼，质疑强制要求所有个人都购买医疗保险是否 111
合法，最高法院驳回了这一诉讼。

在最近的一起诉讼，即“金诉伯韦尔”（*King vs Burwell*）一案中，原告是 4 名不想购买医疗保险的弗吉尼亚公民。他们认为，由于弗吉尼亚州没有建立医保交易所，他们便没有资格在该州领取补贴，因而他们也就不必购买医疗保险。

2015 年 6 月 25 日，大法官们以 6 比 3 的投票结果驳回了这一诉讼。他们明确表示，联邦政府提供的补贴在所有的州都是有效的。奥巴马领导的行政分支也表示，在国会对法案进行审读的时候，就对整个法案很清楚，在所有医保交易所都可以领取补贴，无论这个交易所是州政府建立的还是联邦政府建立的。这项法律旨在将医疗保险的覆盖范围扩大到尽可能多的美国人。如果最高法院支持原告的话，那么全美大约有 800 万人将会失去他们的医疗保险，保险市场也可能会崩溃。收入较低但身体还比较健康的参保者将很快放弃他们的保险不再续保。反过来，保险公司将不得不提高他们的费率来支付成本，高额保险费会使更多的人丧失保险，并在交易所之外给个人保险市场带来一系列问题。

首席大法官罗伯茨和肯尼迪大法官出人意料地在这一问题上意见一致，他们都支持奥巴马。罗伯茨认为，国会不会费很大力气和精力去建立一套只在那些开办了医保交易所的州才运行的保险体系。他在裁决意见中写道："国会通过《平价医疗法案》是为了改善医保市场，而不是为了摧毁它。"[5]

尽管很多保守派人士很生气，但是多数有保守倾向的战略家和政客都平静地释怀了。他们可以反对该法案，但是他们的毫无准备也会完全暴露在公众面前：他们没有替代这些补贴的方案，而一旦补贴被取消，受影响的则是数以百万计的普通美国民众。很明显，在这一案例中，最高法院展现了坚定的意愿，支持国会 2010 年通过的这个《平价医疗法案》并保证其正常运行。

结论

112 最高法院在 2015 年的裁决显示出，大法官们如何看待宪法的态度发生了变化。美国宪法是在美国人还在蓄奴、妇女不能投票、美洲原住民没有任何权利的时候制定的。此后，出现了如此多的新制度、新技术和新思维模式，这是宪法制定者无法预见的。当美国宪法成形的时候，汽车、广播、电视、电影、飞机、计算机或互联网，这些事物一个也没有。因此，我们也不可能知道，在面对与这些新事物和新想法有关的数以百万的案件时，200 多年前的制宪者会做出什么决定。

这导致出现了两种解释宪法的不同观点，持不同观点的人，一种被称为“原创论者”，另一种被称为“非原创论者”。具体而言，“原创论者”在解释宪法时倾向于坚持制宪先贤们的措辞和意图，他们被人批评为将宪法视为“束身衣”（straightjacket）。“非原创论者”更倾向于将宪法视为一份“有活力的文件”，要尽可能适应关于生活和价值观新延伸出来的观点。随着时间的推移，我们对自由和平等的看法会不断扩大。许多美国人现在认为，同性之间可以结婚，这扩大了我们对自由的认识。许多美国人现在也承认，男女之间应该同工同酬，这扩展了我们对平等的看法。我们认为自由和平等的权利是所有人被赋予的尊严，是一种对自我价值的信仰。

法院应该进行多少司法干预也是引起了很多争论的问题。国会希望最高法院尽量减少司法干预。国会制定和通过代表全体人民意愿的法律，如果国会犯了错，那么国会议员将会在改选时为此付出代价。当国会阻止总统采取符合所有人或绝大多数人利益的行动时，总统更有可能支持司法干预。最终，寄希望于最高法院继续选择处理重要（如果不是紧急）的案件，以便最终解决根本性的问题。

大法官是否应该终身任职更是引起了全社会的讨论。最初的想法是，固定任期的职位会受到竞选连任的影响，而终身任职的大法官将更加独立。今天的人们寿命更长，能够工作的时间也更长。但从另一个角度来看，随着年龄的增长，人的精力和体力往往都会减弱。大法 113
官的精神敏锐度可能会降低，或者大法官可能会衰老或患上阿尔茨海默病，又或者大法官可能会出现身体疾病或损伤，这些都会妨碍他们拿出足够的时间和精力对案件问题给予充分考虑。人们希望大法官或大法官的家人知道他们何时应该从最高法院退休。人们也提出了一些建议，例如，也许所有的法官都应该在 80 岁退休，或者在法院任职一个固定时段（比如说 18 年）后退休。这将需要一项宪法修正案，但是近期则不太可能发生。

还有一些关于最高法院的问题仍然存在：让 9 名法官来决定美国人民的福祉，或是依赖 435 名众议员和 100 名参议员这种高度多样化的群体来做决定，哪一种形式更好呢？笔者的观点是，最高法院为国家提供了深入探讨重大问题并做出决定的机会。最高法院的工作是决定该问题的合宪性。如果这一决定不能让公众满意，它就不能在不通过宪法修正案的情况下对此做很多事情。美国宪法的主要目的是在保护少数人权利的情况下反映多数人的意见。

注释

[1] A. Liptak，“Why Judges Tilt to the Right”，*New York Times*，2015-02-01.

[2] 参见 E. Chemerinsky，“There is No Such Thing as Objective Judging”，*Constitutional Daily*，2014-11-18.

[3] The Supreme Court，“Change is Gonna Come”，*The Economist*，2015-07-04.

[4] C. Rampell，“Tea Partyers Want a More Perfect Constitution”，*My San Antonio*，2016-01-18.

[5] 关于罗伯茨首席大法官任职期间最高法院的精彩分析，参见 I. Tribe & J. Matz，*Uncertain Justice*：*The Roberts Court and the Constitution*，Picador，New York：2014.

第 6 章

重塑联邦与各州的关系

——州权是否太大?

只有在一个不存在的抽象世界的无摩擦真空中，才能在没有冲突的磨蚀摩擦的情况下发生运动或变化。

——索尔·阿林斯基（Saul Alinsky）

117 美国独立战争胜利以后，于 1787 年 5 月制定颁布了《邦联条例》(Articles of Confederation)，但不久就发现其弊端重重，原因之一就是该条例赋予了各州太多的权力。新独立的美国需要一个更为强大的联邦政府，因此一部新的宪法便呼之欲出。制宪会议的参与者们经过激烈的讨论，审慎地设计了各州和联邦政府之间的权力平衡关系。美国宪法第 10 条修正案明确规定："本宪法未授予合众国也未禁止各州行使的权力，分别由各州或人民保留。"一句话，如果宪法没有授权联邦政府干的事，联邦政府就不能干。但现实中就会出现许多问题，争论最多的就是国会是否可以要求美国各州做一些各州认为自己有权来决定的事情。例如，法律规定妇女有权堕胎，但每个州都可以自主地制定关于堕胎条件的不同细则。国会承认同性伴侣结婚的自由，但不同的州在执行该政策过程中会抵制或选择消极对待。

美国的许多州——尤其包括俄克拉何马州、得克萨斯州、蒙大拿州和犹他州等地——对联邦政府的规模和权力感到不满。有些人甚至主张南方各州应该再次考虑脱离美国，他们认为联邦政府规模太大，效率太低，监管太多。他们经常说，来自华盛顿的官僚们对我们本地的经济管得太多了。美国人似乎有这样一种感觉，即州长和市长们对他们领导下的州和市的治理更有效率，而且更接近当地民众的需求。因此，人们越来越倾向于进行更为区域性和地方性的管理。这就意味着将更多的权力从联邦政府转移到州和地方政府手中。

就像 200 多年前的宪法制定者们一样，美国现在仍然继续讨论着
118 联邦和各州权力之间的适当平衡。基本的理解是，宪法明确规定，联邦政府只能制定通过某些特定类别的法律，而除此之外的其他一切都应该保留给各州。

如何通过新的宪法修正案？

美国宪法仔细规定了新的修正案提议如何经一系列程序获得批准进而成为国家法律。如何启动修正案议案，有以下两种程序：

- 国会可以在参众两院议员各自三分之二多数认为有必要时对宪法提出修正案议案；
- 如果由各州提出修宪，则必须由至少三分之二的州议会要求国会召开制宪会议。

不论以上述哪种程序启动修宪，修正案经四分之三的州议会批准或经四分之三的州制宪会议批准后即被批准生效。请注意，与可以在国会以简单多数通过或修改的一般法律法规不同，宪法的修改程序门槛很多。这种偏保守的倾向可通过以下事实得以佐证，即美国宪法在其 225 年的历史中只有 27 条修正案。前 10 条修正案构成了著名的《权利法案》，于 1789 年 9 月 25 日由国会通过，并于 1791 年 12 月 15 日批准生效。其余的修正案，即第 11～27 条修正案，是国会在不同时期通过的。最后一条修正案，即 1992 年通过的第 27 条修正案，涉及国会议员的加薪问题，该条修正案规定现任国会议员不允许在其任期内通过任何法律以更改其履职期间的薪酬。换句话说，在新的换届选举举行之前，国会不能随意提高（或降低）其议员的薪酬。

所有这些都清楚地表明，大多数拟议的改革都不太可能经由通过一项新的修正案来实现，因此大多数改革者将不得不寻求更多脚踏实地的改革行动来实现其目标。

各州在它们的欲求方面不尽相同

美国的各州几乎可以自主决定它们和它们各自公民的所欲所求。

119 这很容易理解，因为各州在政治和文化历史以及经济资源和收入方面差异很大。美国人很珍视他们的自由，不希望看到联邦政府在每个问题上对所有州施行统一的管理。大法官路易斯·布兰代斯（Louis D. Brandeis）把美国的州看作民主实验室。他们为政策创新提供了试验场，效果好的话其他州可以尝试，甚至联邦政府也可以考虑。[1]

本着这一精神，众议院正在考虑一项计划，以减少联邦政府对教育事务的监管，让州和地方当局在评估教师和学生的表现方面有更多的自由裁量权。来自明尼苏达州的共和党人、众议院教育委员会主席约翰·克兰（John Kline）议员表示，该计划将“为美国家庭提供它们应得的，而不是华盛顿想要的教育体系。”[2]

然而，与此同时，美国各州对重大问题解决方案的巨大差异也带来了一些麻烦。以下便是一些例证：

- 同性婚姻在美国的一些州是合法的，但在其他州却不合法。如果一对同性伴侣去到一个不承认他们婚姻的州，会发生什么呢？或许最明智的做法是，要求新的州将所有来自另一个州的已婚同性伴侣视为合法。

- 关于堕胎的法律规定在美国各州之间差异很大。一名生活在印第安纳州的妇女无法将堕胎纳入保险，除非她当时命悬一线，或是因被强奸而怀孕，或是犯了乱伦罪。但是她也可以选择去伊利诺伊州做堕胎手术，在那里不仅没有附加条件而且全部免费。不同的州对堕胎的要求还包括：堕胎时女性的孕期，其父母是否同意，手术是否必须经历一个等待期，等等。

- 美国各州都对该州学生的核心课程内容做了具体规定。一些州高度重视 STEM 课程（科学、技术、工程和数学），而另一些州则只强调学习阅读、写作和算术的基础知识。联邦政府希望为全国制定一个标准的通识核心课程指标，以规定K-12学制（美国和加拿大使用的从幼儿园到高三的学制，即基础教育阶段）的学生每个年级结束时在英语、艺术和数学等课程方面应该具备的知识（稍后联邦政府还会将这个指标延伸到社会研究和科学等课）。这一理念是为了确保高中毕业生为升入大学或进入职场做好充分准备。尽管设立全国通识核心课统一标准的动议得到了全国州长协会（National Governors Association）和州首席教育官员理事会（Council of Chief State School Officers）的支持，但在各州仍有很多人反对这一倡议。一些保守派人士认为这是联邦政府对州和地方教育系统的“自上而下”的接管。南卡罗来纳州州长妮基·黑利（Nikki Haley）表示，该州“不应放弃对教育的控制权，既不能将其移交给联邦政府，也不应向其他州已经形成的共识让步”。与此同时，知名教育政策智库托马斯·B. 福德姆研究所（Thomas B. Fordham Institute）认为，“全国通识核心课统一标准在数学和阅读方面都明显优于目前使用的标准”。[3]

● 当前的一个主要问题是，是否可以合法种植大麻和将其用
于医疗或娱乐目的。科罗拉多州、华盛顿州、阿拉斯加州和俄勒 120
冈州等多个州投票赞成将用于娱乐目的的大麻合法化。然而国会和奥巴马领导的联邦政府缺乏足够的勇气推动颁布一部关于这一问题的全国性法律。从技术上讲，司法部有权以联邦罪名来检控那些参与大麻业务的企业和个人。目前所需要的是一项法案，以允许各州将用于医疗和娱乐用途的大麻合法化。或者国会可以批准一项规定，阻止司法部伸手阻挠各州制定自己的政策。最终，大麻应该从《管制物质法案》（Controlled Substances Act）中删

除，因为在该法案中它被归类为与海洛因和迷幻药一样的药物。这将使美国各州更容易决定它们想要如何监管它。[4]

- 美国各州和城市都有自己的涉枪法律。持有和携带武器的权利受到美国宪法第 2 条修正案的保护。然而，联邦政府出台了一系列法规来规范枪支、弹药和枪支配件的制造、交易、拥有、转移、记录保存、运输和销毁。这些法律法规由美国烟酒、枪炮及爆炸物管理局（Bureau of Alcohol，Tabaco，Firearms and Explosives）执行。1994 年，政府通过了《联邦攻击性武器禁令》（Federal Assault Weapon Ban），禁止半自动攻击性武器和大容量弹药供给装置。然而，该禁令于 2004 年到期，使得各州和各城市又可以更自由地制定自己的枪支法。

结论

我们可以看到，美国各州有很大的自由来界定自己的法律，涉足的领域包括酒精和烈性毒品、进化论和神创论、言论自由和仇恨言论、游行和集会许可证、公共着装、竞选资金、公立学校祈祷、宗教学校财政资助和其他许多问题。这给那些搬到另一个州的个人和家庭带来了负担，它们要认识到新州的法律可能与它们以前州的法律有很大不同。这也给数百万从事州际贸易的企业带来了重大负担，它们必须认识到在不同的州经营同一种业务的不同要求。各州不太可能放弃制定符合其公民偏好的法律和法规的权利，而且不愿意接受联邦政府增加全国统一标准化的努力。只要美国当前的政治体制依然如旧，这个问题就不会消失。

同样有趣的是，美国各州的州议会经常想要通过一项统一标准化

的州法律，而许多城市却都对此表示相当的抵制。某个州可能想要制 121
定全州的禁止吸烟条令，但它的几个城市可能会反对。或者某个州可能想要允许枪支销售，但它的一些城市则可能想要禁止枪支销售。因此各州经常试图以先发制人的方式（pre-empt）来行使权力，以避免地方遵守的问题。例如得克萨斯州希望成为一个营商条件便利的州来吸引更多商业，但得州的许多城市则可能希望通过严厉的环保法律以防止过多的污染。因此，正如联邦政府希望各州遵守某些全国性统一标准一样，州政府在让它们的城市遵守一定的统一标准时也面临着同样的困境。[5]

注释

[1] A. Chatterji, "Don't Look to States for New Ideas", *The New York State*（原文如此。——译者注），2015-01-12.

[2] T. Lewin, "More Conflict Over Cutting Federal Role in Education", *New York Times*, 2015-02-24.

[3] S. Banchero, "School-standards Pushback", *The Wallstreet Journal*, 2013-03-23; M. Malkin, "Lessons from Texas and the Revolt Against Common Core Power Grab", *Noozhawk*, 2013-03-24; T. B. Fordham Institute, "State of State Standards & the Common Core in 2010—Executive Summary", 2013-08-26.

[4] Editorial, "Congress and Obama are too Timid on Marijuana Reform", *New York Times*, 2015-08-08.

[5] S. Dewan, "State are Overturning Local Law, Often at Behest of Industry", *New York Times*, 2015-02-24.

第 7 章

重塑政党

——美国的两党是否早已僵化?

美国真正的两党只有赢家和输家两者，没有其他。

——库尔特·冯内古特（Kurt Vonnegut）

125 众所周知，美国建国之初的宪法制定者不喜欢政党，因为在美国宪法中没有提及政党。然而，今天许多国家有两个或两个以上的政党。

作为个人，公民几乎没有能力影响公共政策的制定与执行。但他们会认可人群中与他们观点相似的其他公民，他们可能会加入意见相同者的行列，这就形成了最初意义上的一个利益集团。该集团可能是一个想要减少污染和环境危害的利益集团；也可能会在政府制定公共政策过程中寻求一些政治影响力；甚至可以成立类似绿党这样的组织，并寻求更多的成员和进行招募。另外的利益集团可能会致力于保护个人自由，可能会吸引他人加入并逐渐成为一个坚持自由至上主义的政党。

重要的是要认识到，大多数国家政坛上都有多个政党，而不仅仅只有两党。我们以意大利为例来说明。1945—1994 年的意大利政治由两个主要政党主导，即执政的基督教民主党以及作为主要反对党的意大利共产党。此外，还有另一个反对党，即名为意大利社会运动的小党。基督教民主党又将以下四个政党拉入自己阵营形成同盟：意大利社会党、意大利民主社会党、意大利共和党和意大利自由党。时至今日，意大利政坛的图景更加复杂。当前存在八个主要政党（标准为上次大选中获得超过 4%选票的党）：民主党、五星运动、意大利前进党、北方联盟、新中右、公民选择党、左翼生态自由党和意大利兄弟党。此外，还有 33 个小规模政党，如养老金领取者党、意大利共产主
126 义者党、新意大利社会党和绿色意大利等。[1]

在这样的多党制中，任何一个政党都不可能赢得多数席位。相反，每个主要政党都必须与其他没有太大区别的政党组成联盟。联盟必须就联盟领导人和联盟伙伴将支持的一些基本立场达成一致。很明显，无论一个政党联盟做出什么承诺，它们都不太可能把这些承诺兑现给

公民，因为在它们的联盟内部有太多的利益冲突，而且失败的政党就会一直持反对意见。换言之，就是为了反对而反对。

美国的政党制度要简单得多，有两个持久的政党，即共和党和民主党。共和党主要代表工商业界和富人的利益，它声称自己是将产生最大经济增长的政党，而经济增长之后的财富和收益将“涓滴”（trickle down）到那些不幸的人身上。实际上，更多的经济增长发生在民主党上台掌权时期，由于民主党推行了更多的社会福利计划，才出现了更多的“涓滴效应”。民主党主要代表工人阶级和中产阶级的利益。共和党人曾经声称代表中产阶级，但由于美国中产阶级正在萎缩，共和党也就逐渐失去了这一重要票仓。2008 年的大衰退严重冲击了中产阶级的规模、工资和其他收益。数据显示，2012 年时，中产阶级占美国全国人口的 51%，然而 1971 年时这一比例曾经超过 61%。

偶尔会有一些小党派，例如老罗斯福总统领导的公鹿党、诺曼·托马斯领导的社会党，以及受帕特·布坎南（Pat Buchanan）启发的美国第一党（America's First Party）。但这些政党都没有走得很远，也没有坚持很久。有时是像拉尔夫·纳德（Ralph Nader）或罗斯·佩罗（Ross Perot）这样的名人决定参选，他们的票数虽然很少，但往往可以将优势转移给反对党。假如拉尔夫·纳德没有参加 2000 年总统大选的话，那么代表民主党出征的阿尔·戈尔大概率能赢得当年的选举。

有人可能会说，如果美国有一个持续存在的第三党或许会带来一些好处。首先，选民可以在三名候选人之间做出选择，而不是只有二选一的机会。其次，第三党可能比两党更温和，两党可能已经两极分化。例如，在英国政坛，自由民主党虽然很少掌权，但被视为占据了左翼工党和右翼保守党之间的“中间地带”。最后，两大党在政策选择上会受到第三党宣传政策的影响。

127 在过去的很多年里，美国两大政党之间彼此友好相待，一个政党的某些领导人，如民主党领袖特德·肯尼迪和共和党人约翰·麦凯恩，都能受到另一个政党成员的高度尊重。有些法案是由两党成员共同提出的。两党都尊重妥协的必要性，并在可能的情况下找到解决方案，特别是如果两党都能宣布取得双赢局面。

政党之间的区别在哪里：为何会出现两极分化以及僵局？

美国政治经历了太多的变化。自 2008 年奥巴马当选总统以来，美国两党变得愈加两极分化，并且僵局频现。新闻媒体上经常充斥着两党陷入僵局和政治交易失败的报道。国会似乎无法通过任何立法。让我们来研究三个关于极化的问题。

为什么会出现政治上的两极化？

由于共和党阵营内活跃激进的茶党（Tea Party）实力膨胀和其他相关事态发展，共和党在美国政治上开始进一步偏向右翼。茶党已经转变为“自由派议员党团”（Freedom Caucus），由大约 40 名共和党众议员组成，他们甚至在自己的党内也不妥协、不折中。如果不能按其意愿来行事，他们宁愿关闭政府。作为允许政府提高债务上限的回报，“自由派议员党团”希望在公民权利方面进行重大改革，包括但不限于削减社会保障、医疗保险和医疗补助。他们还要求取消对计划生育（Planned Parenthood）、伊核协议和奥巴马医改方案的资助。他们还会拒绝任何综合型的支出法案，这样他们就可以为他们喜欢的部分提供资金（比如国防部），同时关闭或取消他们不喜欢的部分（包括许多政府机构和实施中的法案）。他们与特德·克鲁兹等参议院盟友一起，试图强迫美国接受他们的极右翼立场和政策。他们不想让自己的立场在选举日被选民挑选，因为他们知道自己会输。

这导致了一些民主党人进一步向左转，以至于最不保守的共和党人也比最保守的民主党人更右，而这就是所谓的非对称极化（asymmetric polarization）。两党的光谱之间再也没有任何重叠了。双方不仅仅是对手，他们更视另一方为敌人。诺曼·奥恩斯坦（Norman Ornstein）是一位敏锐的观察者，他就指出美国的两党已经陷入了势不两立的部落主义（tribalism）。共和党人反对增加税收，也反对堕胎，支持持有枪支，反对婚姻平等；民主党人则支持提高最低工资，也支持堕胎，支持同性婚姻。

美国社会日益扩大的收入差距使得候选人更多地选择依赖那些极
端的个人捐赠者来影响他们的立场。此外，政党的领导人正在强调并 128
加强政党的忠诚和纪律。媒体的多样化和碎片化，以及它们在新闻报道中日益带有的明显的党派观点，也造成了更严重的两极分化。选民越来越多地选择性地受电视或互联网上媒体的影响而强化他们的观点。最后，国会议员之间的跨党派社交互动越来越少。越来越多的议员把绝大多数时间花在华盛顿特区以外，这使得他们人在华府的时候工作量很大，于是也几乎没有时间进行公开的非正式交流。

极化的后果是什么？

国会议员们日益严重的意识形态分歧，使妥协变得日益不可能实现。这些分歧使得一些国会议员更加愿意参与实施有风险的边缘政策（brinkmanship）。国会中阻挠表决的冗长演说（filibuster）或总统否决权（veto）的频繁出现和使用更进一步减少了妥协的机会。参议院如果没有五分之三多数的议员投票同意结束某项议案的辩论并付诸表决投票，则围绕该问题的辩论将一直持续下去。共和党的一些成员过一段时间就威胁要关闭政府，坚决不妥协。

2013 年 10 月 1 日至 16 日，联邦政府行政分支被迫关停 16 天，其原因是民主党人掌控的参议院不同意针对奥巴马医保改革法案的修改，而实际上真正的问题是，国会众议院将联邦政府拨款与上述修改捆绑，并直接威胁不同意修改就不给政府拨款。结果便是联邦政府停摆，大约 80 万名联邦雇员被无限期停职，而另有 130 万职员在无法确知何时能领工资的情况下还必须坚守岗位。这不仅对美国纳税人造成了数以百亿美元的冲击，也给众多普通百姓的生活带来了相当多的不便。

真正的悲剧就是，即便是民主党人赢得了总统大选，新当选的总统也无法促成任何事情。这进一步让很多选民开始反思和质疑费时费力参加投票的意义是什么，因为不管选民投不投票、投票选谁，制定的法律和实施的政策都不会有太大区别。自由派议员党团于是完全削弱了麦迪逊设计的宪法框架的初衷，即允许并鼓励两党之间进行讨价还价和妥协退让。

解决方案是什么？

第一种解决方案是减少国会选区的格里蝾螈选区划分制的不公正划分。这种不公正的制度安排使一些国会议员仅仅在乎的是一次又一次地赢得选举从而长久地占据议席，而不是与对手就某些观点进行激烈辩论。第二种解决方案是支持公开初选，而不是组织通常由更极端的选民参加的封闭初选。第三种解决方案是改善竞选资金筹措渠道，减少富有的个人捐赠者、政治行动委员会和超级政治行动委员会对竞选资金的垄断性影响。第四种解决方案是修改有关终止辩论、冗长演说和总统否决权的规则。[2]

只有六分之一的美国人认可国会现在的运行和工作机制。国会在很多问题上都呈现出过度的党派之争，每个政党都在努力让所有成员以同样的方式投票，不管这个问题是提高债务上限还是扩大社会保障。过去常见的两党联盟已经让位于21世纪的严格按政党路线投票的现实。 129

美国的两个政党代表着对立的意识形态。共和党人倾向于唤起过去的辉煌，他们支持法律和秩序、强大的军队、田园诗般的价值观、宗教情结价值观和财政金融政策方面的保守主义。他们的口头禅是更小的政府和更少的监管。他们更愿意削减税收和政府成本，削减社会和环境效益。他们是反乌托邦主义者，更钟情于过往而不是未来。

请读者们一起来看一看共和党人目前采取的政策立场：

- 废除或大幅减少医疗保险和医疗补助；
- 减少或取消社会保障；
- 裁撤环境保护局；
- 废除最低工资法，或者让它们保持当前水准不再变；
- 用人人缴纳的固定统一税取代今天的收入所得税制度；
- 削减食品券；
- 削减儿童的开端计划（Head Start program）；
- 削减对贫困家庭的住房补助；
- 削减职业培训和就业援助；
- 削减教育预算；
- 捍卫公民购买和持有枪支的权利；
- 支持反堕胎运动并禁止堕胎。

尽管大多数共和党人在经济、金融和道德理念上都是保守的，但共和党内部却有不同的派系。一派希望美国在海外采取更强硬的态度，于是他们支持为此而制订的更大规模的军事预算，以打击极端恐怖组织“伊斯兰国”和向盟友（如乌克兰）提供防务支持。另一个派别则更加排外（Xenophobic），希望通过制定严格的移民法将来自其他文化圈的人拒之门外。还有一个派别具有强烈的宗教情结，想要捍卫或扩大宗教在我们社会中的作用。甚至还有一群在经济思想上保守但在社会思想上偏自由的共和党人，比如纽约市前市长迈克尔·布隆伯格。诺贝尔奖得主、知名经济学家保罗·克鲁格曼一直以来都对共和党持激烈的批判态度。他指出：“整个共和党都是由气候变化否定论者（climate denialist）和更广泛意义上的反科学者控制的……现代共和党只会进行反理性的分析：它不仅强烈反对福利国家政策，而且已经站在启蒙运动传统的对立面去了。”[3]

130 民主党人更关心建设一个更美好的未来，他们声称代表广大工薪阶层，支持公民权利和大城市的价值观。许多民主党总统在他们的竞选活动中使用“变革”作为口号，例如吉米·卡特在1976年用的口号是“一位带来变革的领袖”，比尔·克林顿在1992年用的口号是“选择变革还是保持原样”，贝拉克·奥巴马在2008年用的口号则是“你可以相信的改变”。[4]一般来说，民主党通常支持以下目标：

- 扩大社会保障、医疗保险、医疗补助和奥巴马主推的《平价医疗法案》；
- 加大对基础设施（公路、桥梁、港口等）的投资；
- 为进入美国的非法移民开辟了一条获得合法公民身份的途径；

- 通过提供联邦助学金或建立更多低成本的社区大学来保证更高的入学率；
- 消除导致高收入人群缴纳非常低的税款或设法完全避税的漏洞；
- 对百万富翁和亿万富翁实行更高的累进税制；
- 对金融证券交易开征金融税；
- 投资于一个普及性质的学前班计划（pre-kindergarten）；
- 取消“公民联合会”这样一些让公司、工会、协会和个人花费巨额资金来赢得选举的组织。

同样，民主党内部也有不同的阵营。我们可以将其区分为自由派民主党和进步派民主党。如今，伯尼·桑德斯和伊丽莎白·沃伦代表着民主党内的进步派，他们希望政府采取更多积极措施，尤其是惩罚银行在2008年金融危机中所扮演的角色、减少政府对企业的补贴、大幅提高最低工资、增加对环境和气候保护的投资、增加对改善基础设施的投资、确立单一付款者医保体系（single-payer healthcare）来取代奥巴马主推的《平价医疗法案》，并鼓励建立更多的工会以保护工人阶级的利益。民主党中更偏自由派的代表人物是希拉里·克林顿，她在哪些目标可以实现哪些实现不了上表现得更加务实，也更愿意通过在具体问题上的妥协和交易与共和党人达成共识。

尽管如此，两党对良好社会的愿景仍充满着深刻分歧。政治成了道德剧（morality play）。1960年的民调数据显示，只有5%的共和党人和民主党人分别表示，如果他们的孩子与另一政党的人结婚，他们会感到不高兴。而到2010年，这一数据大幅攀升，49%的共和党人和33%的民主党人表示他们会不同意子女的“跨党婚姻”。[5]

每个政党都打算让其成员投票支持一套完全不同的价值观和目标。一些极端团体在政党内部逐渐坐大，政党也需要它们的选票。这些极端分子不准备对任何事任何人妥协。因此，多数人还是希望两党的一
131 些领导人不要全心全意地支持这些极端团体，也希望这些领导人能够看到一定程度的妥协在推动一些事情上的价值。

诺曼·奥恩斯坦和托马斯·曼（Thomas Mann）于 2012 年出版的《这比看起来更糟糕》（*It's Even Worse than it Looks*）一书对过去几十年里国会的敌对状态和功能混乱程度给出了精准的描述：

> 过去几十年，国会只是一门心思地在乎政治上的得分点，而完全忽视对实际问题的关注和解决，这个趋势现在正变得越来越严重。这种痛苦现状使政府似乎完全无法专注于制定和实施公共政策，以应对这个国家现在正面临的种种现实性挑战……这个国家正在挥霍其将来的经济发展预期，治理体系的低效也使自己陷入危险境地。[6]

每个政党都需要向前看，想象会给自己投票的选民都包含哪些人。尤其是共和党，可能正在面临一场生存危机。它本质上是一个代表富人利益的老年白人政党。它对女性、非裔美国人、西班牙裔和亚裔的吸引力远低于民主党。考虑到不同族群人口的增长趋势，共和党如果不会软化自己的一些立场的话，将面临能被其吸引的选民人数越来越少的危险。

需要认识到，政党对民主的运作至关重要，政党政治简化了民主政体处理所面临的复杂和众多问题的方式。多数选民对绝大多数复杂的政治问题知之甚少，政党则可以帮助其将复杂的政治世界简化为一组相关的观点和看法。选民不需要对每个问题都深入思考，而只需要

投票给提供更多他们所重视的东西的政党。选民如果要对成百上千的公共议题逐个讨论并逐个投票，他们会觉得非常麻烦，但是如果只让他们在两个政党中选一个，那就容易多了。可以说，政党为选民的严重无知提供了解决方案。

一个政党成立后，它的主要任务就是筹集资金分配给其候选人和竞选活动，并树立一个强大的形象。它变成了一个营销和品牌建设组织，采用不同的颜色和吉祥物（例如，代表共和党的大象和代表民主党的驴子），以及具有选择暗示的标语和价值观。它围绕其意识形态招募员工和培育选民，动员他们反对自己的政敌，并准备随时捐赠金钱和时间来支持新的候选人和赢得下一次选举。

两大政党在 2016 年美国大选上预计花多少钱呢？（本书原著完稿时 2016 年大选还在进行中。——译者注）数据显示，2012 年，总统和国会选举总共耗资为创纪录的 63 亿美元。据估计，2016 年的总花费可能高达 80 亿美元（实际花销为 70 亿美元。——译者注）。这在一定程度上是因为最高法院关于“公民联合会”一案的裁决允许个人和企业 132
比之前的选举花费更多。科克兄弟运营的网络（其成员不需要透露他们的捐赠者）为 2016 年的竞选设定了近 9 亿美元的支出目标，而 2012 年还只有 4 亿美元。问题是，所有这些钱是否真能影响到选民的选择。如果能影响，那么共和党候选人将会得到更多的偏爱，因为他们比民主党人更能吸引来巨额赞助。如果不能影响，那么两党实际上都在浪费大量资金，而这些钱本可以投入更好的事业。

今天，竞选机制昼夜不停地运转着。一旦上一次选举结束，当选的官员和其他政治家就开始筹备各自的下一次竞选活动。普通公民开始收到与一个候选人或公共议题相关的小额竞选募捐征集邀请——少则三五美元，多则不限。如果你是一名民主党人，你一定会收到来自阿尔·弗兰肯（Al Franken）、南希·佩洛西（Nancy Pelosi）等人发来的竞选资金募集邮件。

对于这一繁重和重复进行的拉赞助过程，最明智的解决办法是通过一项法律，明确规定政党和候选人在选举前一年才能开始募集资金，或者至少在选举前两个月才能开始投放政治广告。候选人想要表达的任何观点都可以在两个月的时间内通过滚动播出的广告向选民说清楚。这将减少选举经费的筹集和支出。这是英国正在推行的方案，即政治类的竞选广告只允许投放 30 天。但没有办法阻止候选人不间断地发表演讲并开展竞选活动。

其实很多美国人都对美国的两党制感到不满意，假设有一个在经济思想上偏保守但在社会思想上崇尚自由的人，那么他或她应该如何投票？当前比以往任何时候都有更多的选民称自己是无党派的。皮尤研究中心 2014 年的一项调查发现，39%的选民现在认为自己是无党派人士，远高于认同民主党人的 32%和认同共和党人的 23%这两个比例。然而在投票和选举日，选择是二元的，非此即彼。两大政党都不太可能推出一位被多数选民公认为理想的候选人。因此人们经常会说他们不会在选举日去投票，部分原因是两位候选人都不能满足他们，还有部分原因是两位候选人都太相似了，故而谁赢都不会有太大变化。

近年来，超级政治行动委员会的影响力也越来越大。它们在政党系统之外运作，由支持各自候选人的超级捐赠者组成。它们的存在实际上削弱了两党的作用。知名媒体人泰根·戈达德（Taegan Goddard）认为，当前美国政治更像是每个候选人的竞选活动都由一个超级政治行动委员会来负责。[7]他可以想象，超级政治行动委员会支持候选人都
133 具有以下特点，即“深受千禧一代喜爱、自由至上的精英人士，他在社会问题上是自由派，在外交政策上是鸽派，在经济上是保守派”。这

样的候选人永远不会被政党提名，但他这种并不与某种特定政党和意识形态捆绑的特征可能会吸引更多人注意并获得支持。想象一下，如果有十个超级政治行动委员会支持十个观点不同的候选人，那将使选民有更多的选择来寻找最受欢迎的候选人。最后，选民不会只在两个候选人中做选择。但是这样安排的唯一缺点就是，候选人将非常感激那些向超级政治行动委员会注入资金的人。

政治广告的影响

候选人及其竞选经理努力使候选人尽可能多地受到关注。在以前的时间里，可能曝光的场地和机会数量非常有限。在广播和电视成为大众传媒主要渠道之前，候选人常常通过出现在家庭聚会、野餐和集会中获得曝光。候选人永远面带微笑，亲吻婴儿以展现亲和力，并发表一场简短但令人激动的演讲，充满了爱国主义的华丽辞藻，但几乎没有实质内容。候选人的支持者会在报纸和杂志上刊登有关候选者演讲的文章和报道，以及其他人的好评。

当广播和电视出现以后，每个候选人都会雇用一个或多个广告公司来准备音频广告和视频广告。候选人会在广告中发布竞选声明，做出各种美好承诺，并通常会批评甚至贬抑另一个政党及其候选人。候选人有时会夸大其词，毫不犹豫地错误地引用事实来当论据。当然，广告中也会明确指引观众和支持者可以在哪里捐款支持候选人。

电视时代的到来在展现候选人发言或与他人会面以及向媒体发表讲话方面发挥了重要作用。许多候选人要去学校学习如何与记者交谈，如何在电视镜头前管理自己的外表。候选人需要决定是穿西装打领带还是不打领带，甚至是是否穿牛仔裤。一切都变成了形象管理的练习。

2015年，希拉里视察艾奥瓦州时，一改原先设计，到达后并不是一开始就向听众发表演讲，而是坐下来与一小群选民交谈，了解他们对特定问题的看法，然后她会分享自己的观点。过了几个月，她才宣布她将支持的政策。然后，她发布了她的竞选主题：增加对富人的税收，提高联邦最低工资，增加政府在基础设施项目上的支出，新的儿童保育计划，联邦对大学学费的补贴，以及制定有助于扩大工会影响的法律。[8]

134 互联网和移动通信的到来扩大了候选人被看到和被听到的机会。选民可以在网上查找数百篇涉及候选人的文章，或者收听收看大量关于候选人的音频视频。没有什么是隐藏的，包括批评者和候选人的反对者的观点。候选人还可以利用互联网为竞选活动筹集资金。通常，屏幕上可能会出现广告，引用一个令人不安的问题，并请求观众支付5美元或更多，以帮助支付新的广告或声明，这些广告或声明将发送给其他受众或国会。

每个广告公司的工作不仅是通过影视作品、印刷广告、杂志故事、电子邮件、脱口秀节目以及在活动和集会上的亮相等多种媒体来塑造候选人的形象，还要衡量曝光的影响。它改变了任何选民吗？这是否让他们对候选人有了好感？它是否增加了观众在选举日投票的可能性？广告公司将寻找能够产生最积极影响的曝光类别。其工作人员对此了解得越多，就越能证明候选人所花的钱都花在了刀刃上。

结论

从美国立国之初，美国人就投票支持保留一定的州权和地方管理权，制宪者也谨慎地规定和限制联邦政府的权力。然而，随着时间的推移，越来越有必要将各州联系在一起，促进州际贸易并建立全国普遍使用的共同标准。联邦政府的最初和最重要职责就是负责推动这些共同标准。

然而，仍有许多派系不信任联邦政府。茶党和其他反对派团体认为，联邦政府早已变得规模庞大、反应迟钝、监管过多和浪费过多。共和党人一直试图限制联邦政府的规模和权力，他们讨厌联邦赤字，也反对给更需要帮助的人发放补贴，认为后者主要是懒惰并占了辛勤工作的美国人的便宜 。

美国的两大政党在过去 20 年中陷入的僵局造成了悲惨的后果。国会一直没有处理或解决重大问题，如收入和财富日益不平等、基础设施的持续恶化、贫困现象持续存在、对气候变化重视不够、借钱上大学的高负担以及许多其他问题。难怪国会被评为所有专业工作中最不专业的。著名政治哲学家埃德蒙·伯克（Edmund Burke）曾经精辟地 135
指出："邪恶当道所需要的唯一条件就是好人无所作为。"[9]

美国人只能希望，一些国会议员有勇气背离本党的纪律，与另一政党的议员一起制定法案。例如，参议员伊丽莎白·沃伦（民主党）将与约翰·麦凯恩（共和党）合作恢复《格拉斯-斯蒂高尔法案》（Glass-Steagall Act），将商业银行与投资银行分开。其目的是防止银行变得如此庞大，以至于政府不能让它们倒闭。这可能是一个信号，表明两党可能再次开始合作以改善国家的现状。

注释

[1] 参见维基百科关于意大利政党的介绍，网址为 http://en.wikipedia.org/wiki/List_of_political_parties_in_Italy.

[2] 参见 M. Barber & N. McCarty，"Causes and Consequences of Polariza-

tion", 网址为 www.apsanet.org/Files/Task% 20Force% 20Reports/Chapter2Mansbridge.pdf; M. Golden, *Unlock Congress: Reform the Rules—Restore the System*, Why Not Books, Pacific Grove, CA, 2015.

[3] Paul Krugman, "Fear of Asymmetry", *New York Times*, 2015-08-15.

[4] US Chamber of Commerce, "The Tattooed and Pierced Longhairs Never Showed Up", 2013-03-18.

[5] D. Brooks, "Why Partyism is Wrong", *New York Times*, 2014-10-27.

[6] N. Ornstein & T. Mann, *It's Even Worse than It Looks: How the American Constitutional System Collied with the New Politics of Extremism*, Basic Books, New York, 2013.

[7] T. Goddard, "Can America's Politics be Unbundled from America's Political Parties", *The Week*, 2015-04-27.

[8] 参见 www.washingtontimes.com/news/2015/jul/12/carly-fornia-rips-hillary-clintons-big-government/#ixzz3fij6zfXN.

[9] 参见 http://www.goodreads.com/quotes/370-the-only-thing-necessary-for-the-trimph-of-evil-is.

第 8 章
重塑对外政策的制定
——谁来制定外交政策?

外交政策不是为了给我们自己的希望或愤怒的情绪提供一个出口，而是为了在现实世界中影响和塑造真实的事件。

——约翰·F. 肯尼迪

139 在美国早期历史上，许多美国人更喜欢孤立主义，而不是与世界其他国家打交道。当时美国的国内建设提供了大量的工作和各种机遇，使人们把注意力都放在国内事务上，而不是关注或卷入外交事务。美国人认为，与其他国家进行海外贸易是必要的，也是有利可图的；但卷入它们的阴谋和战争则是不明智的。

20 世纪发生的一系列事件和由此带来的机遇逐渐推动美国成为世界上最强大的国家之一。如果说 19 世纪是英国的世纪，那么 20 世纪就是美国的世纪。美国在第一次世界大战和第二次世界大战中援助了其他国家，而战争中的胜利也确立了美国在自由世界中的领导地位。二战后联合国被创建并将其总部设在纽约市，就是为了防止未来爆发新的世界大战。

然后，这个国家被拖入朝鲜战争（1950—1953 年），接着是越南战争（1955—1975 年）。1990 年 8 月 2 日，乔治·H.W. 布什（老布什）总统决定帮助科威特抵抗萨达姆·侯赛因的入侵，海湾战争于 1991 年 2 月 28 日迅速结束。2003 年 3 月 20 日，乔治·W. 布什（小布什）总统在电视上发表了四分钟的演讲并呼吁："我的美国同胞们，在这个时候，美国和联军部队正处于解除伊拉克武装、解放伊拉克人民和保卫世界免受严重危险的军事行动的早期阶段。"2003 年 5 月 1 日，他宣布"任务完成"，主要的伊拉克作战行动结束。然而，直到 12 月 13 日，联军才抓获了萨达姆·侯赛因。

140 小布什总统把"大规模杀伤性武器"（weapons of mass destruction）作为他攻击伊拉克的理由，后来被揭露为子虚乌有的指控。随着伊拉克战争的进展，小布什说美国的目标是要给中东地区带去民主。随着对阿富汗的入侵，美国进一步介入了中东事务。由于阿富汗战争进行得并不顺利，奥巴马总统从 2014 年开始下令美军从阿富汗撤军。

2010 年 12 月 17 日，据称“受不公待遇”的突尼斯水果小贩穆罕默德·博阿齐齐（Mohamed Bouazizi），在当地小城西迪布济德政府门前绝望自焚，一场后来被称为“阿拉伯之春”的大规模抗议活动如滚雪球一般旋即席卷了西亚北非各国——突尼斯、埃及、利比亚、也门、叙利亚和巴林均不同程度地受到影响。然而事实上这些活动大多数并没有带来自由和民主，而是被迅速弹压，并以军事统治恢复秩序而结束。

所有这些事态发展都提出了这样一个问题：“美国的外交政策应该是什么？谁来指导下个世纪的外交政策？”

美国在海外的外交政策

美国政府需要确定它在世界不同地区所扮演的角色。在很长一段时间里，美国是唯一的超级大国，在军事和商业力量方面独霸全球。它需要保持世界有序运转和远离战争，这样，它的贸易活动就会成功，它就可以推广资本主义制度和民主理念。然而，美国经常被迫表明立场，去为一些国家或地区提供防务。1983 年，罗纳德·里根总统称苏联为“邪恶帝国”，美国还为此进行了一场旷日持久的冷战，把世界上几乎所有的地区都牵扯进来。这是当时世界上仅有的两个拥有核武器的国家（原文如此。——译者注）。幸运的是，这两个敌人从未走向“边缘冒险政策”。美国最终以实力拖垮了苏联，而苏联也以解体而终结。

然后在 2002 年，小布什总统发表演讲称朝鲜、伊朗和伊拉克为“邪恶轴心”。据著名经济学家约瑟夫·斯蒂格利茨（Joseph Stiglitz）所著《价值 3 万亿美元的战争》（*The Three Trillion Dollar War*）一书称，美国入侵伊拉克是为了扳倒萨达姆·侯赛因，这场战争花费了 3 万亿美元巨资，这还不包括总共有 4 491 名美国军人死亡和数万人重伤。由于没有吸取任何教训，美国又入侵了阿富汗，并很快意识到行动将一事无成。奥巴马总统非常明智地安排了撤军，因为他知道任何军事方案都无法解决中东问题。由于极端恐怖组织“伊斯兰国”的崛起和恐怖主义的持续，这些问题远没有结束。

141 奥巴马总统可以在不需要国会批准的情况下采取必要的军事行动（如出动无人机袭击和实施空袭）。他总是要面对一个强大的、通常是共和党人组成的团体，推动实施地面军事行动。然而，他的选择是外交斡旋而不是直接参战，并与参与联合战略决策的亲密盟友合作。他必须努力让国会两党和公众相信，一种特定的外交政策立场是有意义的。这一点更加困难，因为正常的保密制度笼罩着对外交往中的承诺和问题，致使大多数人无法了解更深层次的逻辑。在这方面肯尼迪总统曾有一句名言警句：“国内政策只能打败我们，而外交政策则会让我们死无葬身之地。”

今天，美国不再是唯一的超级大国。中国和俄罗斯，以及包括印度、巴西、土耳其和印度尼西亚在内的其他一些国家的综合国力都在不断地发展壮大。继续充任世界警察角色在经济上是不可能和不值当的，也不会受到多数美国人的支持。这就提出了一个问题：美国在世界上的基本目的是什么？是为了维护世界的和平与秩序，使各国能够通过活跃的全球贸易实现繁荣吗？是为了防止一些“邪恶”国家伤害它们的人民或其他民族吗？它是像过去那样解放或拯救其他国家吗？是不是要在国内为真正的民主理念和资本主义制度树立一个榜样，以便其他国家可以效仿？还是要减少对其他国家的干涉，专注于建设美国自己的未来，减少与外国的纠葛？关于这些可能性，学界政界都有许多不同的观点。

这就需要我们来界定美国在世界各个主要地区的外交政策。让我们回顾一下美国目前在世界主要大洲的政策简况。

亚洲

由于意识到 21 世纪中国的综合国力不断提升，美国将其对外政策的注意力都集中在亚洲。中国、印度、印度尼西亚和日本这四国的人口几乎占了全世界人口的四分之一。中国是当前的焦点，全世界对其经济发展和社会进步的成就印象深刻，包括在过去 40 多年在中国政府的持续努力下摆脱贫困的人口稳居全球榜首。中国还是当今的世界工
厂，从亚洲和非洲购买大量原材料，建立主要贸易伙伴关系，生产和 142
提供了从价格低的商品到日臻完善的产品和服务。现在中国已经超过日本，是世界第二大经济体。总的来说，中国的国际影响力和影响范围一直在扩大。

那么，美国对华政策到底是什么？从本质上讲，对华政策的关键词是遏制（containment）。美国政府在与中国领导人保持表面友好关系的同时，也在积极构建与日本、韩国、印度尼西亚、印度和菲律宾等国家的同盟关系，从而形成一个包围的岛链体系来遏制中国。

印度是亚洲的第二大国，美印关系非常友好，而且两国之间贸易活跃。印度继续投资基础设施和改善人民生活也符合美国的利益。现任总理莫迪是一位温和而有才华的领导人，他希望与美国建立良好的关系。作为采取议会共和制的民主国家，印度和美国的利益非常一致。随着印度的繁荣，美国也将受益于印度的市场增长。

日本和印度尼西亚都是友好的国家，在强势领导人的带领下，它们乐于与美国展开合作。在日本，安倍首相（2022 年已故。——译者

注）正在推动一项日本宪法的修订，这将允许日本加大对军事国防力量的投入。美国正在积极寻求与许多亚洲国家达成贸易协定，以在一定程度上抗衡中国卓越的贸易实力。显然，美国目前面临着一项微妙且矛盾的任务，即在经济贸易关系上要和中国加强合作，但同时也在试图压制中国经济和军事实力的增长。

中东地区

143 进入 21 世纪以来，美国在伊拉克和阿富汗进行了代价高昂的战争，却最终发现麻烦丛生而深陷泥潭，这些国家有许多松散的部落和分裂的穆斯林团体。伊拉克是一个由许多民族（nation）组成的国家（state），这些民族之间彼此不喜欢，经常处于对抗状态。阿富汗和欧洲人在殖民中东时创建的其他“国家”大抵也是如此。

如果说人们从中已经吸取了一些教训的话，那就是中东地区目前还没有做好实现建立民主体制的准备，并将继续在不会有任何赢家的战争中饱受摧残。中东地区的国家最好是由一位强有力的领导人而不是靠民主进程来治理。奥巴马总统必须谨慎地平衡美国的盟友沙特阿拉伯的利益，同时不对沙特在宗教和政治上的宿敌伊朗做出太多让步。伊朗领导着伊斯兰教的什叶派分支，而沙特阿拉伯领导着伊斯兰教的逊尼派分支，两国都在积极准备国防力量。

沙特阿拉伯成为美国的主要盟友，是因为美国需要中东和平来确保稳定的石油供应。这种情况仍然如故，但美国对石油的依赖已经大大减少，最终全世界对石油的需求也将逐步减少。这是因为一方面作为化石燃料的石油和天然气还可以在其他地方找到，另一方面新能源汽车的开发和无人驾驶技术的广泛使用也将改变人类的能源需求结构。

美国正在努力执行让伊朗放弃制造核武器的计划，并减少了对伊朗的抵制。但这意味着伊朗的经济将增长更快，将有更多资源支持黎巴嫩真主党（Hezbollah）和其他一些给以色列带来危险的恐怖组织。因此，美国需要一种平衡其在沙特阿拉伯、伊朗和以色列的利益的外交政策，以及应对在叙利亚和也门不断出现的可怕问题。在 2011 年叙利亚内战爆发之初，美国决定不向叙利亚派兵，这一政策实际上对叙利亚政府不利，直到极端组织“伊斯兰国”在中东形成了一个新的扩张势力、需要更多的努力来遏制时，美国才决定有所行动。在本书撰写之时，“伊斯兰国”已经占领了伊拉克的大部分地区，美国决定不派遣地面部队，而是对“伊斯兰国”进行空战，寄希望于伊拉克士兵能够在有美国更多的武器装备支持下进行反击。美国政府最大的担忧是，“伊斯兰国”可能会占领巴基斯坦，并获得其核武器。不过最终这一情况没有实现。

共和党内的许多保守派人士谴责奥巴马不派遣美军地面部队的决策，认为这样美国在该地区便失去了更大的影响力。奥巴马已经明确表示，在中东没有胜利这回事，美国人的血不应该流在这个充满混乱的地区。因此，他同意向伊拉克派遣更多的特种作战部队士兵，以帮助巩固军事局势。 144

中东的另一个尖锐问题是巴勒斯坦和以色列之间的冲突。加沙和约旦河西岸的巴勒斯坦人说，以色列是占领者，巴勒斯坦人民有权反抗，甚至直接轰炸以色列，以夺回本属于他们的土地。只要巴勒斯坦人民继续放言要摧毁以色列，以色列就不会归还任何已经占领的土地。比尔·克林顿之前和之后的美国总统都投入了巨大的精力来斡旋，试图让巴以双方走到一起，并利用第三方合作寻找和提出解决方案。不管怎样，中东仍将是持续困扰美国总统和所有西方国家未来领袖的主要问题。

欧洲

基于历史悠久的经贸往来、相似的代议制民主实践以及共同的利益，欧洲仍然是美国的坚定盟友。美国与英国和德国的关系非常好，并与斯堪的纳维亚国家、南欧和东欧国家有着良好的关系。遗憾的是，欧洲的经济增长非常缓慢。整个欧洲大陆的失业率很高（例如希腊为28%、西班牙为22%），大多数国家的社会福利成本很高。欧洲的南部所谓“金猪四国”（葡萄牙、意大利、希腊、西班牙四国英文单词首字母构成PIGS）最近都出现了负增长。希腊的问题尤其突出，它将面临国家财政破产退出欧元区抑或是继续留在欧元区获得巨额补贴的选择题。欧盟领导人为欧元在希腊的失败所引发的一连串严重后果而忧心忡忡，因此仍决定出手救助希腊。

美国在欧洲的主要外交政策问题是遏制普京总统领导下俄罗斯的影响力。俄罗斯正试图通过反对欧洲的自由主义倾向，巩固一系列盟友和充当欧洲的思想领袖。俄罗斯利用一切机会在阅兵仪式上展示其军事实力，这样欧洲就不敢轻举妄动。普京正在将俄罗斯稀缺的资源更多地用于建设其军事力量，并研制出了一些最先进的火箭和潜艇。美国在欧洲的多个地点放置核屏障，从表面上是为了保护欧洲国家免受俄罗斯的攻击，但这却使得俄罗斯感到处于危险之中。现任和未来的美国总统将不得不在决定向乌克兰和波罗的海国家提供多少军事援助、又不会与俄罗斯陷入新的冷战这二者之间找到平衡。

145 如今，欧洲这个历史上从来都是基督教占主导影响的大陆正面临一个新的问题，那就是随着越来越多来自中东和北非国家的难民想要摆脱战争和军事独裁的统治而来到欧洲希望过更好的生活，穆斯林人口不断增长。由于政治、经济和文化方面的影响，欧洲试图阻止大批移民和寻求庇护者通过船只和非法人口贩运到达欧洲。一些人认为，鉴于德国、瑞典和其他一些地方穆斯林人口众多，以及穆斯林较高的出生率，欧洲未来成为穆斯林大陆的命运似乎已经注定。欧洲人想知道他们古老的传统和习俗是否会随之消失。美国认为这在很大程度上是欧洲的问题，因为它无法同时在满足中东盟友利益时还为欧洲站台。

非洲

非洲最初是一个神秘的大陆，只有一些欧洲人在其周边航行。随后，越来越多来自英国、法国、德国、荷兰和比利时的探险家开始深入非洲大陆腹地，并声称对该地区拥有主权。在相对较短的时间内，非洲大部分地区被分割成欧洲殖民地。英国从北部的埃及到南部的南非，沿着南北向占据了一大片土地。法国则主要占据了西部非洲的一大片土地，包括现在的阿尔及利亚、摩洛哥、突尼斯和其他国家。

人们普遍认为，非洲将成为未来重要的国际力量，特别是如果它能够在埃及、尼日利亚和肯尼亚等主要国家的强有力领导下形成合力。非洲由 60 个国家和地区组成，经济发展水平各不相同，内部问题和边界冲突也很多。非洲的矿产和农业资源极其丰富，想要降低生产成本的全球企业，尤其是在劳动密集型行业，都把生产线转移到非洲，而且都获得了收益。

除了利用软实力在非洲国家内部和国家之间不断教唆冲突外，美国并没有大范围地参与非洲事务。美国一直慷慨地向非洲提供国际援助。但许多人批评，这些援助实际上很少到达穷人手中，一种估计是到达穷人手中的大概只占援助总额的 15%。一种颇具调侃意味的观点认为，对外援助就是“把钱从富裕国家里穷人的身上转到贫穷国家里富人的身上”。[1] 由于非洲的贫困、政治腐败和不确定性，美国尚未将非洲视 146

为其商品和服务的主要市场。随着非洲变得更加强大，美国应该提前进行更深入的考虑，选择合适的非洲盟友，并为非洲的繁荣做好准备。

南美洲和中美洲

美国政府往往缺少对其美洲邻居的足够关注。自从《北美自由贸易协定》生效以来，墨西哥作为一个经济体一直在增长。巴西是“金砖国家”成员（巴西、俄罗斯、印度、中国以及南非）之一，是一个经济体量和人口规模都不容小觑的大国，对其他南美国家的经济发展产生了巨大影响。

美国的对外政策是如何制定的？

很明显，未来的美国总统将要花相当多的时间和精力忙于解决与其他国家之间的问题。他们将不得不决定谁将成为他们的盟友、谁将保持中立、谁将成为他们的敌人，而这是政治的永恒话题。孤立主义将不再可能。其他国家将增强其经济实力，发挥其军事力量。美国必须保护其容易被黑客攻击的电网，美国政府和企业必须加大投资于安全系统的力度，以保护它们的信息免受网络攻击。

美国的外交政策制定权掌握在美国总统手中，每次新总统上台都可以改变前一任的路线。在总统之下，制定对外政策的最重要机构之一是国务院，最近的几任国务卿包括马德琳·奥尔布赖特（Madeleine Albright）、科林·鲍威尔（Colin Powell）、康多莉扎·赖斯（Condoleezza Rice）、希拉里·克林顿和约翰·克里（John Kerry）。每一位新
147 上任的国务卿都要向总统报告并执行其政策。国务院是一个庞大的官僚机构，其专家遍布世界各地，与成千上万的外国专家和消息来源建

立了其密集的网络。

美国宪法将外交政策权平分给总统和国会，行政分支和立法分支共同参与外交政策的制定。因此，这两个分支都可以发起和改变外交政策，而且制定和维护外交政策也一直是一个复杂的问题。[2]

总统和国务院制定外交政策的方式包括：快速回应外部事件、主持国际条约谈判、发布政策声明、向国会提交立法提案等。国会可以选择支持总统的做法，也可以寻求改变。当外交政策通过总统的行动发生变化时，则很难在短期内做出改变，因为国会需要较长时间做出反应。国会通常会收到总统领导下的行政分支关于国际条约和国际协议的提案，这些都必须得到参议院或众议院批准。在大多数情况下国会通常会在最初提案上做出重大修改后才批准总统的提案。

国会还可以通过决议、政策声明、立法指令、立法压力、非正式建议或资金驳回等方式来推行自己的外交政策举措。总统代表的行政分支可以视情况——国会出台的外交政策是为私利还是出于公众的利益——选择支持或试图改变国会的政策。

因此，我们很难判定在制定和执行外交政策方面哪个分支的功劳更大，因为这涉及美国政府立法分支和行政分支大量的共同合作。外交政策不可能采用对任何国家都适用的总体构想和宏伟设计的形式，而是需要根据不同国家和地区的具体情况实施个别政策。有时，总统在外交政策中扮演着强有力的领导者的角色，而另外一些时候，国会则主导着外交政策的议程。

结论

当前，美国别无选择，只能继续参与到大量国际和国别事务中。

金融危机、核武器军备竞赛、网络攻击等国内外大事可能会极大地影响美国人的生活。美国将不可避免地不得不与传统盟友站在同一阵营，并为它们关切的事务劳神费力。

美国最好的姿态是为构建世界各地的和平与繁荣而努力，应该持续推动全球化和国际贸易的更进一步发展。当大多数国家因全球化程
148
度加深而对贸易伙伴产生依赖时，战争就可以避免。针对频繁出现的国际问题，美国应该选择外交途径来解决。美国应该强化联合国作为国际多边机构在公平且快速调解危机时的作用，应该支持世界银行和国际货币基金组织发挥重要的金融和经济支撑作用，应该乐于见到区域性贸易组织的增加，因为这些都有助于形成多边机制以谋划发展和协调冲突。

注释

[1] E. Hardcastle，“Foreign Aid：Poor people in rich countries sending money to rich people in poor countries”，*Daily Mail*，2010-07-02.

[2] 参见“Foreign Policy Roles of the President and Congress”，US Department of State，1999-06-01，原文网址参见 http://fpc.state.gov/6172.htm.

第 9 章

重塑政府的公共服务

——政府工作人员是否有效率并意识到自己的“公仆”身份？

我们必须记住，不要以任何一种行为来评判任何公务员。

——西奥多·罗斯福（Theodore Roosevelt）

151 公民们对政府公共机构和政府雇员服务的感受程度各不相同。在一种极端状况下，公民在言及他们对政府的厌恶感时会有发不完的牢骚。他们会说政府规模太庞大，机构臃肿，效率低下，而且对我们的生活监管太多；他们会抱怨税目众多让人负担重重；他们会批判公职人员慵懒无为、缺乏训练、根本不值那份高收入。而在另一种极端情况下，公民们则希望政府规模能变得更大，做更多工作，以便解决共同问题。他们希望政府修复日益老化的基础设施，改善条件欠佳的小学和中学，改善公共医疗卫生系统，确保食品供应安全，并惩罚那些危害环境的企业。

大多数公民不会从整体上对政府做出评判，而只是进行具体化的判别，他们喜欢政府的某些特征，却不喜欢其他特征。例如，一方面，他们喜欢优质的道路和桥梁，四通八达的供电和供水系统，以及称职的教师、警察和消防队员；另一方面，他们又不喜欢排长队来更换执照，不喜欢投票，以及厌恶与那些不提供任何帮助或行为专横跋扈的公职人员打交道。

公民对联邦政府、州政府、市政府甚至邻里社区委员会的看法都不尽相同。尽管美国人大多喜欢谈论联邦政府层面运作的优劣得失，但他们也需要认识到各级各类地方性政府的观点和期望。

152 政府的主要问题之一是存在“繁文缛节”（red tape）。繁文缛节意味着政府机构里最糟糕的官僚作风：见利忘义且极度缺乏人情味的服务态度，拘泥于毫无意义的文书工作，困顿于过度的、重复的和不必要的行政程序。[1]繁文缛节并不是政府机构所独有的，它也广泛存在于各类大型组织，甚至在规模较小的非营利组织中也屡见不鲜。

人们在政府机构的许多经验都受到其工作人员素质的影响。因此，政府举办公务员考试，那些希望在政府任职的人需要具备必要的知识，通过考试后才能从事特定工作并帮助公民。这样的初衷是希望政府机构能效仿各类商业组织，强调高效率、构建良好的客户关系、具备解决问题的能力和同理心。

政府机构的负责人需要成为“公仆领班”，他们对客户表现出关心的态度，也希望他们的员工会起而效法。公司可以使用一些激励措施（如奖金、晋升等）来推动员工提供更好的服务，而政府组织使用激励措施来推动职员改善服务的空间较小。公司可以依靠竞争对手的存在来使员工维持努力工作的状态，但政府机构则是没有竞争对手的组织。为了确保政府雇员的良好行为，政府机构需要收集公民对雇员履职情况的反馈。尽管如此，与公司相比，政府机构更难摆脱表现不佳的员工。

改善公共部门的公民服务质量[2]

公民对政府机构的满意度将对部门收入产生一定的影响，尤其是那些公民可以选择去其他非公营机构购买产品、项目和服务的部门。

公共交通就是一个很好的例证。美国人对私家车及其带来便利的钟爱，使得很多城市的公共交通系统面临着激烈的竞争。人们是否会放弃驾驶私家车而选用公共交通系统，其影响因素包括但不限于：发车时间、路线设计、所需换乘次数、准点性、司机的态度、公共汽车（及其乘客）的清洁程度、停靠站的位置、是否有候车亭，甚至在候车时是否有座位坐，等等。人们对上述服务方面的看法和经历将影响相关政府部门的财政收入，因为只有改善公共服务和提高人民的满意度才有可能在将来获得更多拨款。

来看看另外一个关于基础教育的例子。2005 年 4 月 21 日，《西雅 153

图时报》（*Seattle Times*）曾刊文警告称："鉴于政府将广泛推行旨在削减赤字的全面改革，西雅图将有 10 所学校面临关停。"这篇文章解释说，该地区正面临着日益扩大的预算缺口和已持续数年的入学人数下降的问题，部分原因是出生率下降，但也受到很多家庭选择就读私立学校或搬到郊区的影响。由于学区是基于入学人数而获得拨款，入学人数的下降意味着学区需要大幅减少预算，并考虑关停或合并一些学校，以降低运营成本。

对于学区等依赖政府补贴的机构来说，用户满意度必定会对其拨款产生影响。家长们对学校的满意度将取决于很多要素，包括但不限于教室的大小，校车接送孩子的远近，是否开设高级科学课，管理层及其教职工如何应对家长和学生的关切，等等。当期望得不到满足时，家长会考虑其他选择，或进入私立学校就读，或搬到郊区，或选择不同的学区。

再来看一个关于农贸市场的例子。美国农场主市场营养计划（Farmers Market Nutrition Program）旨在增加和促进本地种植的新鲜水果和蔬菜的消费。该计划由联邦政府和地方配套资金共同资助，符合条件的领取者可以获得优惠券，但只能在农场主市场购买新鲜水果、蔬菜和草药。多数的家庭是否选择去农场主市场并使用优惠券将取决于一系列的变量，包括但不限于交通和停车的便利性，可供挑选的农产品种类和数量，以及当它们向农场主们出示优惠券而不是用现金购买时它们所受到的待遇。优惠券的使用情况将会被详细报告并将影响未来的资金投入。

提高公共部门的运营绩效

前往公共部门办事的人们会感受到提高运营效率带来的好处，通常包括不用排长队、不用等太久和无障碍体验等方面。政府机关也从这些条件中受益，为提供更好的服务所花费的资源更少。成功的关键是根据用户需求、用户偏好和行为习惯来设计、监控和调整工作的流程和程序，当然这也需要持续投入时间和精力以应对周期性的反馈和调整。

让我们来考虑一个常见的麻烦问题，就是旅客在机场安检时排起的长队，以及机场和安检机关为加快这一进程所做的工作。每次的调 154
整和提升都源于对如何让旅客舒适且快速地移动这一问题的分析和理解。在排队开始时为旅客提供一个塑料袋，用来装零钱和钥匙，可以使乘客更快地掏空口袋。排队线路设计成倾斜和弯曲的，这表明如果乘客可以很容易地被引导到下一个可用的检查站，则可以节省不少时间。带有禁止携带某些物品的图标标牌很有帮助，以及如有清晰标牌提示旅客在到达传送带之前必须把笔记本电脑拿出来单独过安检也会很有用。最后由安检人员提醒旅客脱鞋过检。如果按这个程序来运作，安检系统将运转得更好，旅客等待时间会更短，下次准备得也会更充分。然后，满意度强化了行为，并有助于继续提高机构的运营效率。

类似的理念也应该适用于寻求更高效率的社区卫生诊所。其目的是帮助患者提前预约，提醒患者按时赴约，提供任何重要的就诊记录或信息，然后遵循推荐的治疗计划。诊所给患者打提醒电话或填写预约卡，使后者能更准时就诊和携带重要材料。当病人在指定的到达时间接受诊疗时，就增加了他们下一次预约并准时到达的机会。而就诊后的电话回访或者入户回访，都会使患者更遵守医嘱。

多数政府机构都制定了各自的绩效衡量标准，以确定未来发展应该优先考虑的事项。请看以下这个案例。美国人口普查局（U. S. Census Bureau）很早就认识到客户满意度在帮助该局实现其绩效目标上的必要性。在该局制订的 2004—2008 年战略计划中，有一个目标是最相关的，即“战略目标 1：满足决策者、商业组织和非营利组织以及公众对美国人口、经济和政府当前衡量标准的需求”。[3]这一目标又分为几个分目标，其中一个最适用于客户满意度，即“分目标 1.3：减轻受访者的报告负担”。人口普查局认识到，数据收集是否成功取决于提供数据的个人、家庭、企业和政府是否愿意合作，而最大限度地减轻受访者的报告负担将使它们更愿意合作，从而降低调查时的成本。

具体而言，美国人口普查局使用以下方法来提高绩效：

- 通过扩大电子报告使用范围和选项来促进和简化报告，例如使受访者通过电子手段回应重复调查；
- 采用以受访者为中心的数据收集方法来促进广泛参与，减轻报告负担；
155 - 使数据收集程序与家庭和企业的记录保存做法相匹配，以鼓励参与；
- 充分利用联邦、州和私营部门的信息来消除冗余数据的重复性调查。

绩效在一定程度上是通过回复率来衡量的。2000 年人口普查的最终邮件回复率为 78.4%，比 1990 年 75%的最终回复率增加了 3%以上。[4]这就很能说明问题。

有助于提升客户满意度的举措

在这一部分，笔者将介绍营利性商业组织通常采用的五种重要举措，相关做法也可适用于政府公共部门。[5]

支持雇员提供优质服务

政府公共部门的雇员，尤其是那些在一线向公民个人和组织提供服务的雇员，在提升服务质量方面发挥着关键作用。请考虑以下各种场景：

- 正在给司机开罚单的警察；
- 正在工作的图书馆管理员；
- 正在入户调查的儿童保护服务处（Child Protective Service）个案管理员；
- 正在回答电话热线咨询的国税局职员；
- 正在教导学生的老师；
- 正在给青少年进行求职指导的就业保障顾问；
- 正在联邦博物馆向游客介绍展品的导游；
- 正在给旅客进行检查的机场安检员。

以上的场景每个都能打造用户满意度，构筑用户忠诚度，产生积极的口碑。成功的商业组织都会把传统的金字塔型组织结构图倒转过来（见图 9-1，其中左图为传统组织，右图为成功组织）。它们首先把用户摆在最上层；其次是直接向用户提供服务的一线雇员；再次是中层管理人员，他们为一线雇员提供关键支撑从而使其能更好地服务用户；最后才是高层管理人员，他们主要负责网罗优秀管理者并为他们提供必要支持。

由于积极的正面的员工态度对商业组织非常重要，所以服务类企业都会花大量时间和资源来搜寻和吸引优秀员工，开发出扎实却简单 156

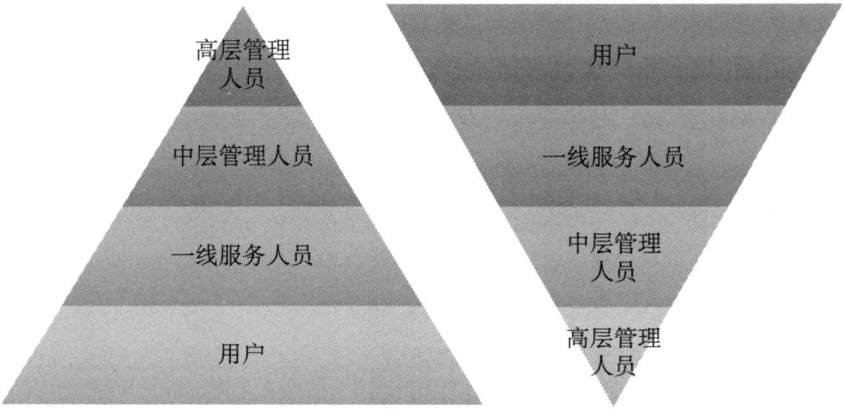

图 9－1　倒金字塔型组织结构图

的培训计划，并积极支持和认可员工的优秀表现。

罗伯特·斯佩克特（Robert Spector）对著名百货公司诺德斯特龙（Nordstrom）进行了广泛的研究，并为一线服务人员提供了几项建议。[6]以下这些建议内容似乎与政府公共部门机构改善服务质量最相关：

- **雇用微笑，训练技能**。“我们可以雇用态度和蔼的员工，然后再教会他们销售技巧；但我们却不能雇用只会销售技巧的员工，因为服务态度无法通过培训得到提升。”
- **以身作则**。故事讲的是一个部门经理有一天在柜台上发现了一个喝完的饮料罐，他只是把它捡起来，放进废纸篓里，然后继续做事。员工们目睹了这一切，都得到了要时刻保持自己负责区域的清洁这一重要信息。
- **授权员工解决问题以满足客户**。当一个用户遇到问题时，员工不应该只是说什么都做不了。优秀的员工将更进一步，努力与用户一起以找到解决方案。

- **赞赏英雄行为**。认可并赞赏客户服务中的杰出行为。这个活动让获得赞誉者感觉良好，并在整个公司传递了一个明确的信息，即公司要发展就要靠为用户提供优质服务。

确保基础设施和系统有助于而不是有碍于提供服务

在运行良好的系统中提供服务是卓越的客户服务的关键。我们知道，系统会影响好心的员工为客户服务的能力。重要的是要在系统中找到可改进的接触点和程序，以便其在未来得以完善。请看以下两个改进服务系统的例证。 *157*

著名的新加坡樟宜机场由新加坡政府管理和运营，该机场多年来一直被公认为世界上最好的机场。[7]这一成绩源自机场运营者希望将樟宜机场打造成为世界上最好的机场和全球航空枢纽的愿景，但更重要的是，机场运营者专注于提供快速和无障碍的通关，而这是许多旅客最想要的。据报道，到港旅客办理入境手续、领取行李和办理海关手续的总时长不超过 3 分钟。据说，离港旅客也能通过一种系统方法加快速度，以体验到类似的便利。对其系统进行技术改进的一个重要案例，便是安装了一种全新的软件工具，旨在简化办理登机手续，尤其是在旅行高峰期间。[8]

再来看 911 这个在美国全国通用且唯一的报警电话号码。试想一下：当该号码被用于报告丢失的宠物、被盗的自行车、马路上的坑洞、有故障的路灯和被遗弃的车辆等事件时，接线的工作人员会感到沮丧和分心。某些城市现在尝试为那些非紧急事件的居民提供一种替代方案，即 311 电话服务。其目的是在市民需要信息时提供快速应答，并通过引导他们朝着正确的方向而提供支持，使市政府更有效率和效力，这更像是为市民提供了“一站式购物”服务。

采用或加强客户关系管理系统

越来越多的政府公共机构正在转向采用客户关系管理（Customer Relationship Management，CRM）系统，以提升市民对公共部门的满意度。这个系统包含专门的硬件和软件，使组织能够访问和监测实时的及历史记录的详细的客户个人信息。客户关系管理系统的体系结构包括操作和分析两大类组件，并相互协作，以便通过各种不同的客户业务接口捕获用户数据。我们来看以下两个例证。

在澳大利亚昆士兰州，儿童安全和残障服务部（Child Safety and Disability Services Department）认为，它们新安装的综合客户管理系统将有助于该机构更有效地跟踪和管理个案，这些个案往往都会经过法院审理和国家授权的关怀计划等一系列程序。在过去，该部门依靠
158 传真与全国各地的执法机构和法院交换信息，然后再由专人将这些信息手动输入电脑。而上述新系统使该机构能够以电子方式交换客户数据，这样带来的好处就包括员工可以有更多时间来服务用户，这也意味着孩子们可以更快地融入新的家庭环境。[9]

美国政府的各级各类机构在使用客户关系管理系统上的支出一直在持续增长，这主要是由于 1998 年颁布的《政府文书工作削减法案》(Government Paperwork Elimination Act，GPEA）要求各机构必须为原先基于纸面的工作流程提供电子流程选项，包括与客户的交易如账单支付等。这一支出预计将在进行大量客户服务交易的机构中达到最高，这些机构包括国税局和社会保障管理局（Social Security Administration)。[10]

体会全面质量管理的好处

全面质量管理（Total Quality Management，TQM）是由著名的质量管理专家爱德华兹·戴明（Edwards Deming）博士在 20 世纪 40 年代中期提出并研发的，戴明博士闻名于世正是由于他广泛运用统计数据以降低成本从而实现质量提升。该理念的核心概念之一就是，产品和服务的质量由客户来定义，并通过持续改进来实现。尽管日本的制造业企业最早采用戴明博士的理论，但是 20 世纪七八十年代许多美国公司以及一些政府公共部门机构也开始关注并采用他的理论。下面我们来看看威斯康星州麦迪逊市的市长是如何使用戴明的全面质量改进概念的。[11]

约瑟夫·森森布伦纳（Joseph Sensenbrenner）在 1983—1989 年担任麦迪逊市市长期间，出席并聆听了戴明的一次演讲，那时的戴明已经 82 岁高龄。戴明早期提出的一个类比击中了要害。正是这个在当时颇具革命性的观点指出，导致美国公司市场份额损失的潜在致命缺陷是其“制作和审查”（Make-and-Inspect）系统。如果将这个系统类比为宴会上的祝酒词，它会被表达为“被烫的是你，受伤的是我”（You burn，I'll scrape)。[12] 戴明提到的关键问题是，我们需要控制我们的“上游”流程，而不是纠正“下游”的缺陷。要做到这一点，一个组织必须实践成熟的高质量技术，并首先将其定义为在取悦客户方面持续地改进。

受到启发的森森布伦纳市长马上在麦迪逊市开始了他的实验。第一站就是市属汽车修理厂，这也是第一个令他望而生畏的目标——减少车辆维修的周转时间。他采取了“戴明式”的举措，首先从各个机械师和维修过程本身收集数据。随后他发现车辆维修周转时间过久，多数是由于修理厂本身没有库存的合适零件造成的。而零件经理指出，库存零件的问题主要是由于麦迪逊市几乎每年都会购买许多不同品牌和型号的设备，并估计指出，目前的车队包括 440 种不同类型、品牌、型号和年份的设备。

159 造成上述情况的原因也是该市自己的一项政策，即任何车辆的购买都必须以购买当日最低标价为准。零件采购员同意机械师的观点，即库存更少的零件将使工作更容易，但统一采购处则不允许这样做。在被问到为何这样规定时，统一采购处又将矛头指向了审计长。然后审计长在被问到时，又把皮球踢给了市检察官。在这个明显的“穷途末路”时刻，市检察官回答说，按零件来采购“当然”是可以的，所需要的只是在采购前提交更加详细的书面说明。事实上，他认为他们一直在按这样的程序操作。

森森布伦纳报告说：“这些变化的结果是，车辆平均周转时间从 9 天减少到 3 天，每投资 1 美元用于预防性维护，就可节省 7.15 美元的停机和维修费用——因此麦迪逊市财政每年净节省约 70 万美元。”[13]

通过上述仔细调查和分析，森森布伦纳市长证实了他的观点，即车辆维修周转缓慢的问题的确出在上游，是由城市与供应商的关系造成的，而不是在下游，也就是说不能归咎于修车师傅找不到零件。同时这一例证还证实了，戴明博士的质量战略并不仅仅是采用一套新的口号或新的会计制度那么简单，它需要团队合作，打破部门之间的障碍，让员工参与选择最具成本效益的工具和材料。他发现员工们很高兴有人在听他们说话，而不仅仅是让他们去完成任务。

监测和跟踪客户期望和满意度

组织中最重要的角色之一是鼓励和提供客户意见和反馈，这些信息可以为设计程序和系统的人员提供有关客户期望、偏好和需求的信息。他们可以衡量报告对绩效的满意度（或不满意度），然后就重点领域和改进策略提出建议。

测量满意度的主要工具之一是定期调查。根据这些调查的结果，管理层可以得知市民是如何看待和体验他们的服务的。以市民为中心的服务研究所（Institute for Citizen-Centered Service）是一家位于加拿大的服务质量研究机构，该机构通过研究强调，当调查结果可以与“基准值”（包括期望、目标、过去的表现、行业标准或同行的表现等）进行比较和评估时，则调查是最有效的。

上面提到的基准值的一个重要例证，是美国客户满意度指数（A- 160
merican Customer Satisfaction Index，ACSI），它跟踪客户满意度的趋势并向各类企业、行业协会和政府机构提供参考意见。该指数由密歇根大学与美国质量学会（American Society for Quality）和国际知名咨询公司科罗思咨询集团（CFI Group）合作研发。客户满意度指数于 1999 年被美国联邦政府指定为衡量公民满意度的标准指标，有 60 多家联邦政府机构使用该指标来衡量政府提供的 100 多类服务和项目的公民满意度。

另一种测量满意度（表现）的方法，是与市民预期的需求或与人们对社区或社会问题的关注程度相比较。例如，某城市应该向相当规模样本量的市民进行调查，按照市民感觉的重要性给城市所面临的不同问题进行排序。然后，城市管理者应该将上述排序与他们对问题的评级列表进行比较。通过对比分析这两个列表，城市管理者将更好地了解在他们的预算中哪些问题应该得到最多的关注。[14]

结论

通过改善客户服务和满意度，政府机构可以获得多种收益，包括财政收入的增加、未来可能获得更多的拨款、运营效率的提升和绩效措施的改善。在这方面提供帮助的五个主要实践包括支持雇员提供卓越的服务、确保基础设施和系统有助于（而不是有碍于）提供服务、开发客户关系管理系统、采用全面质量管理原则以及监测和跟踪客户期望与满意度。

政府公共部门的管理者经常抱怨很难让政府雇员专注于创造客户价值和满意度。以下的案例显示了公共管理人员可以通过何种方式促进更好更强的客户关注。

对于镇上“唯一的”建筑许可证机构管理人员，我们建议应用全面质量管理原则，这将使您的客户更有可能一次性准确恰当地填写您的许可证申请表格，这将为您节省麻烦和时间，并增加您的绩效指标。

对于那些质疑应该像对待用户一样对待乘客这种理念的公共汽车司机，我们希望“高兴”的乘客可以向您的公司寄去一封表扬信，对某位司机大加赞赏，并在下一份员工通信中介绍该司机，甚至给该司机安排一个更好的时刻表。

161 对于那些看不到让用户按自己想法行事所带来的好处的人，人们需要认识到，由于满意度和入学率下降，学校可能会被关停。

对于那些无法想象亚马逊如何以自己的方式跟踪客户数据和历史记录的人，请参阅客户关系管理系统或软件。

对于那些不相信公共机构有竞争力的人，问问您所在城市的图书馆或当地交通系统的负责人，是什么让他们夜不能寐。对于图书馆管理员来说，这可能是谷歌的数据库；对于运输总监来说，这可能是丰田的普锐斯。

对于那些不理解在人们对政府服务的期望如此之低的情况下我们还在强调满足期望的重要性的人，我们希望您现在应该往好的方面想一想。因为这或许意味着，一些政府部门可能不需要做太多就能超过人们的期待，而这样一来又为部门创造了机会来建立用户忠诚度，享受积极的口碑，获得更多拨款，增加更多收入，并享有被高度赞誉的政府机构之地位。

注释

[1] 关于“繁文缛节”，参见 B. Bozeman & M. K. Feeney，*Rules and Red Tape: A Prism for Public Administration Theory and Research*（Routledge，New York，2015）一书第1章的分析。学术界对“繁文缛节”常见的定义是“需要严格遵守然而却无法满足组织的功能性目标的一系列规则和程序”，参见 Barry Bozeman，*Bureaucracy and Red Tape*，Prentice Hall，Eaglewood Cliffs，NJ，2000.

[2] 本章大部分内容依据 P. Kotler & N. R. Lee，*Market in Public Sector: A Roadmap for Improved Performance*（Wharton School Publishing，Philadelphia，PA，2006）一书第8章内容补充修改而来。

[3] U. S. Census Bureau，2004—2008 Strategic Plan，strategic Goal 1.

[4] Census 2 000 Mai Return Rates，January 30，2003. Final Report USCENSUSBUREAU.

[5] [6] 参见 R. Spector & P. D. McCarthy，*The Nordstrom Way to Customer Service Excellence: The Handbook for Becoming the "Nordstrom of Your Industry"*，Wiley，Hoboken，NJ，2012.

[7] 由《康德纳斯旅者》杂志、英国销量最高的报纸《每日电讯报》和《星期日电讯报》的读者，以及英国旅游杂志《旅游热》等举办的“顶尖海外

机场”评选活动评出。

［8］ Unisys， ‘Singapore's Changi International Airport Services （CIAS） “Checking in” with New Unisys Solution to Expedite Passenger Processing. ’ www. ipress. com. hk/companyvie. asp? id=9287 （accessed 16. 05. 16）.

162

［9］ ‘Government Agencies Look to CRM Software’，Information Week， December 6， 2004： http：//in formationweek. com/shared/printable ArticleSrc. jhtml? articleID—548800256 （accessed 03. 03. 16）.

［10］ ‘Feds Pump Up the CRM’ MM，March/April，2002，p. 5.

［11］［12］［13］ J. Sensenbrenner，“Quality Comes to City Hall”，*Harvard Business Review*，1991 - 03 - 04.

［14］ N. Roberto，“How to Make Local Governance Work”，*Asian Institute of Management*，2002.

第 10 章
用远见和政治家风范来领导
——恢复民主政治需要做些什么？

政客只考虑下一次选举，而政治家则考虑下一代人的问题。

——詹姆斯·弗里曼·克拉克（James Freeman Clarke）

165 很多人认为，美国因其高质量的生活、追求进步和民主理念、确保世界和平的旨趣以及顶尖的产品和服务，受到世界上许多国家的钦佩和仰慕。多数国家因美国的言论自由、新闻和集会自由，以及在许多其他国家未必能享受到的权利而对其产生敬畏。在它们看来，美国是一个富有创造力和创新精神的国家，能够开发崭新且更好的产品和服务，让更多人的生活更轻松。

然而，事实并非如此。事实上，美国也面临国内外批评人士的各类质疑。有人认为，美国在支持堕胎和同性婚姻等方面过于自由化。他们不喜欢随意谈论性等话题，不允许以漫画方式来嘲笑国家领导人、伊斯兰教和其他人。另一些人指责美国为了自身利益而胁迫其他国家。他们认为，美国在世界上拥有太多的权力，他们希望美国能够收缩自己的权力，以便其他国际机制能够自行运作。

一些国家因未能得到美国的足够重视而感到恼火。包括墨西哥和巴西在内许多拉美国家，认为美国没有花足够的时间考虑这些国家的政策。对于许多非洲国家来说也是如此，它们觉得自己受到了美国的善意忽视（benign neglect）。

事实是，当今世界时时刻刻都在发生重大变化，深深影响着民主的实践。我们的公民——不论穷人和工人阶级，抑或富人和中产阶级——
166 都有着各自不同的目标，但是几乎没有哪个群体认为政坛上有任何政党能够完全符合和代表其利益。世界上更多的决定现在被跨国公司和国家间的贸易协定所影响，而不是由选民的投票来决定。许多法律法规的制定实际上是大型游说团体的成果。跨国公司在海外获得了如此多的业务，以至于如果它们不喜欢自己国家正在通过的法律，它们甚至会把大部分业务转移到另一个国家。更多由政府本身所承担的公共事务正在被逐渐地私有化，且更少受到选民的影响。富人和超级富豪对立法内容产生了与其人口数量完全不成比例的影响。

民主政体的 14 项缺陷

在这本书的导论中，笔者列出了民主政体的 14 项缺陷，即：

1. 选民文化素养低、投票率低、参与度低；
2. 缺乏高素质和有远见的候选人；
3. 盲目笃信美国例外主义；
4. 公众对政府的反感日益强烈；
5. 两党制僵局阻碍了必要的立法进程；
6. 金钱在政治中的作用越来越大；
7. 格里蝾螈选区划分制赋予现任议员获得长期连任的权力；
8. 党团预选会和初选制度使候选人观点日益极化；
9. 总统和国会之间内斗持续不断；
10. 联邦政府和州政府之间内斗持续不断；
11. 最高法院时刻准备着修改国会的立法；
12. 通过新的宪法修正案困难重重；
13. 制定健全的外交政策困难重重；
14. 让政府机关负起责任来困难重重。

所有这些缺陷都贯穿了整本书以及提出的解决方案。在本章中，我们将重新审视每项缺陷，并指出消除或减少每项缺陷所需要的操作。

选民文化素养低、投票率低、参与度低

我们注意到，每隔 4 年，只有不到 55％的美国公民投票支持他们

想要的下一任总统。更糟糕的是，在中期选举中，只有不到 40%的公民投票选举众议员和参议员。然而，其他一些发达经济体的投票率可能高达 70%～90%——如奥地利是 75%，比利时是 89%，德国是 71%。

167 自由至上主义者（libertarians）可以争辩说，公民有不投票的权利。宪法中没有明确要求公民必须投票的内容。他们可能有很好的理由不参加投票，比如所有候选人都不能代表他们的利益，或者投票这件事本身需要花费太多的时间，又或者认为投票选举根本没有意义。然而，如果我们相信投票和参与选举是值得和必要的，以下是一些可以做到的举措：

- 让投票本身变得更容易；
- 取消关于获得和出示身份证的限制；
- 开设更多的投票站，让选民更容易到达投票站，或者让它们开放更长时间；
- 将投票日改为星期六、星期日，或将投票日定为全国假期；
- 鼓励更多的邮寄投票；
- 考虑对不投票的人处以罚金（就像澳大利亚所采取的那样）；
- 发动更多的报纸、广播和电视台鼓励人们投票；
- 加强小学、高中和大学的公民教育；
- 所有年满 18 周岁的公民自动被登记为有投票权的选民。

缺乏高素质和有远见的候选人

美国 50 个州有众多候选人在每个选举期内都忙于市长、州长、众议员或参议员等公职的竞选活动，参加竞选唯一的要求是他们必须是美国公民。然而，管理一个城市、一个州或成为一名合格的立法者需要许多其他方面的能力。如果能够通过大众媒体向公民提供关于候选人个人知识储备和从业经历等方面的信息，公民便能够更好地判断他们的资格。这些提供给选民的信息将包括以下问题：未来的市长是否了解财政预算、交通规划、税收、市场调研、商业规划等内容？关于法案的制定和通过，国会议员都应该知道什么？总统候选人是否了解法案制定和通过、财政预算、总统否决权和外交事务等方面的内容从而很好地把握他们将面临的问题？

我们并不是说缺乏“工作”方面的知识会让任何人都无法参加竞选，只是说选民可能想要更多地了解候选人是否具备相关能力以胜任其要竞选的职务。我们需要鼓励政治家通过研究勾勒出政治候选人在各种不同职位上所需要的知识和技能。尽管我们不能将民主政体与贤能政体（meritocracy）混为一谈，但我们仍希望在现实政治运作中会有更多的贤能迹象。

如果我们能提高对我们已当选政治家的尊重度，我们或许可以享有更高质量的候选人。只要我们的选举充斥着针对竞选对手的负面广告，许多好人就会选择不参加竞选。只要国会议员不得不按照政党偏 168
好来投票，而不是提出任何妥协，公众就会一直对政客持有负面的印象。我们似乎很少有正直且有决心纠正我们紧迫问题的政治家。相反，我们却不得不面对许多个人诚信标准很低的候选人，他们的真正目的是追求权力、名誉或用以支付其提供的劣质公共服务的金钱。

因此，我们可能不得不退而求其次，去考虑候选人的家庭或家世等因素，这样我们至少可以相信，他们竞选的动机与其说是为了钱，还不如说是为了让更多的人过得更好。然而，这并不是笔者的建议。

盲目笃信美国例外主义

一个伟大的国家不需要自吹自擂地夸耀！不需要什么类似卖场推广的活动，众人自然会知道其伟大之处。其他国家的公民也不喜欢听到评论说——即便是以暗示的方式评论——他们的国家对这个世界的贡献比美国少得多。许多国家的公民实际上更钟爱自己国家的文化和生活方式，而不是单纯艳羡美国文化。许多欧洲人——尤其是法国人——会觉得他们的生活更令人满意。他们一周只工作 35 个小时，有 6 周的假期，吃更好的食物，生活节奏更慢，而且作为欧洲公民，还享受着更丰富的文化多样性。

针对美国例外主义最好的解药，是让美国公民专注于进一步改善资本主义经济体制和民主政治体制在美国的表现。从现实看，美国还需要很大的改进。美国政府需要更强有力的政策来减少国内的贫困，还需要创造更多的就业机会，修复日益老化的基础设施，减少空气和水污染，改善教育和卫生系统。如果美国政府能把这些事情都做好，那么将会有更多的美国人为他们的国家感到自豪。

公众对政府的反感日益强烈

在许多国家，公众对政府的反感越来越强烈，他们对政府感到绝望。他们的政府通过所得税、销售税和牌照许可费等方式，拿走了很大一部分他们辛苦赚来的收入。许多公民面对的是一个庞大的官僚机构，它们的服务很糟糕，效率很低下，但人们也没法求助于替代供应商。政府制定出台了许多规定以限制商业自由和提高商业成本。此外，企业还必须支付大量资金以用于减少污染、保证食品更安全以及更新许可证。于是就产生了许多深刻的针对政府的批评，这些批评几乎无处不在。普通美国公民日常听到的涉及政府的评论都是对政府的严厉批评多于赞扬，这让许多公民形成了一种对政府的普遍态度，即政府规模过于庞大，浪费了太多资源，且效率低下。

在这种时候，就需要提醒公民，他们所缴纳的税也带来了一些好处。例如，他们日常所使用的道路和高速公路牢固可靠，能买到更安全的汽车，有尽职尽责的警察和消防员，能享受到免费的公共教育，169
居住地有公园，以及有装备精良、训练有素、保持警惕的军事力量。其他一些国家的公民以积极的态度来看待他们的政府。法国人感到自豪的是，他们的政府在发展与保持巴黎街道和郊野的美景中发挥了重要作用，而日本和韩国的公民给他们的政府在关心人民福祉方面打了高分。几年前，哈佛大学经济学家约翰·肯尼思·加尔布雷思（John Kenneth Galbraith）曾经抱怨地指出，美国政府并不是干预得太多，而是干预得太少。他也认可美国人确实从在私营部门工作获得了不少收益，但整个社会严重缺乏公共产品。一个中产阶级的美国人可能会开着他昂贵的车去上班，但由于交通拥堵导致他时速只有 16 千米；或者他开车带着一家人去了一个公园，却发现公园里到处都是垃圾、害虫和无家可归的人在寻找食物。加尔布雷思以半开玩笑的方式将自己的书命名为《富裕社会》（*The Affluent Society*），因为看似“富裕社会”中的许多人其实并不富裕。

如何才能让更多的美国人对他们的政府和国家的成就采取更平衡的看法？以下或许是一些可以采取的举措：

- 让公立学校的孩子们更多地了解政府所做的和可以做的好事。公民课上的学生可以扮演市长、州长、总统或议员的角色，他们面临着一系列替代决定，包括花费更多的公共资金来改善公民的生活，并考虑他们会做出什么选择。我们需要把批评政府和赞扬政府的人聚集在一起，让他们充分沟通讨论其观点。我们需要专栏作家邀请人们分享他们的和政府的好与坏两方面的经验。

- 各级政府必须在其运作和决策中变得更加务实和透明。政府工作人员都需要定期对政府用纳税人的税款所进行的工作进行公开说明。随着政府表现得更好，对政府的批评就会相应地减少。
- 广受尊重的机构应该寻找政府善治的案例并颁发奖项，将这些奖项作为好政府的例子广泛传播，从而扭转人们对政府的印象。

两党制僵局阻碍了必要的立法进程

一个政党应该有一套核心理念和与之相关的政策选项。政党成员要接受这些理念，并将其内化为自己在投票过程中的立场和做出的选择。

共和党相信“自由”“个人责任”“私营企业”等理念是绝对真理，而民主党则把“人们关心他人”和“需要有积极作为的政府来纠正问题”作为自己的立场。显然，这两种观念体系是相互冲突的，这也解释了为什么两党制僵局持续存在于美国的政治实践中。

我们将以是否应该禁止堕胎的问题为案例来进行说明。我们的现行法律规定，妇女有权选择在受孕 24 周或最多不超过 28 周以内进行堕胎手术，但是多数共和党人希望修改这项法律，完全禁止堕胎。在
170 此动议成为现实之前，他们会尽一切努力为女性堕胎设置重重障碍。例如，他们试图减少计划生育诊所（family planning clinic）的数量，他们希望要求妇女在准备进行堕胎手术时通过仪器看一看她子宫里婴

儿的样子，他们希望怀孕女性能听取反对堕胎的各类信息并希望推迟手术的决定。诚然，的确应该有一些关于禁止晚期堕胎（受孕时间过长胎儿已经基本成形时候的堕胎）是否合法的辩论，但是许多共和党人却希望立法禁止所有的堕胎，即使是女性因被强奸而受孕或未出生的婴儿将有严重缺陷这样的特殊情况。

从理论上来讲，共和党人想要禁止所有的堕胎，实际上已经偏离了他们所持有的自由至上信念。是否堕胎难道不应该由女性自己来选择吗？共和党人在堕胎问题上的立场难道不是一种矛盾吗？以下是共和党人如何将他们对妇女自由的干涉合理化的论点。他们假设从受孕的那一刻起就存在一个新的“人”，这个人有生存的权利，这个人有可能会通过自由意志选择生存。因此，堕胎是谋杀。通过禁止堕胎，母亲和孩子都将存活下来。与让一个人活着而另一个人被谋杀相比，让两个人都活着显然是更大的善。

民主党人则反驳说，受精卵只是人类受孕时形成的一种化学混合物，还不能算作人，这种化学混合物在具有更加具象化的形态后才能具有成为人的潜力。民主党人认为女性们面临着一个艰难的决定。她可能是一个怀孕的少女，只有 14 岁，未婚，生活在贫困中，她的单身母亲还生着病。这个女孩不想把一个孩子带到这个悲惨的世界上，让她最终会像自己一样生活在贫困中。当然孩子也有可能会完成学业、找到好工作和改善自己的生活。所以我们怎么能说这个青少年决定堕胎是不理智的呢？那些相信自由至上的人怎么能剥夺这个女孩自己的自由呢？难道他们忘了身处政教分离的美国，他们的这些想法实际上已经是准宗教了吗？

同样的问题也出现在枪支上。几乎所有的共和党人都坚定地支持购买和持有枪支的自由。一些共和党人想要用枪来娱乐，或者用枪来保护个人安危。但民主党人则希望限制人们持有枪支的数量和种类。他们不希望那些有前科的人和精神不稳定的人能买到枪，他们不想让人们带着枪去学校、教堂或参加公共集会。什么是民主党人的信仰？许多民主党人认为，泛滥的枪支将增加更多无辜的人受到伤害的机会。

共和党对自由的根深蒂固的信念也在那些想要生产一种可能有害的产品的企业中得到了检验。共和党人支持烟草公司拥有生产、销售和美化香烟的权利，虽然有证据表明长期吸烟者将增加他们因肺部疾
171 病、癌症或心脏病发作而过早死亡的概率。民主党人认为，吸烟也会对吸烟者附近的其他人造成二次伤害。他们认为，应该劝阻人们的吸烟行为，并将其限制在特定的地点。他们给吸烟者留下了吸烟的自由，他们不赞成全面禁烟。反对吸烟者只是想拥有发起社会运动的自由，以阻止年轻人开始吸烟，并让每个人都意识到吸烟可能会造成的危害。

我们可以做些什么来减少这两种观念体系之间的冲突？每个政党中总有一些成员对所属政党的观念体系并不持绝对立场。人们经常听到共和党人说，他在经济问题上是保守派，在社会问题上是自由派。更倾向“自由派”的共和党人应该努力团结起来相互支持，同样，更倾向“保守立场”的民主党人也应该努力团结起来相互支持。最后一步是这两个群体逐渐缩小彼此间的距离，并对彼此的想法表现出开放态度和兴趣。

金钱在政治中的作用越来越大

想要在竞选中获胜，就需要花很多钱。在早年间，许多候选人都是自掏腰包或从他们的直系亲属、朋友和熟人那里募集竞选资金。他们用这笔钱支付从一个城市到另一个城市的交通费用，支付住宿、娱乐、集会、茶水、在报纸上登竞选广告等费用。他们还需要雇用工作

人员来制订和安排竞选行程，确定下一站在哪里发表演讲，并制作和分发宣传品。即使某位候选人赢得了选举，他们在立法机构中职位的薪酬也不能支付他们为当选所花的费用。但是很多候选人并不在乎这些，因为大部分的竞选费用都是由捐赠者提供的。又或者有些候选人本身家底丰厚，所以花这点钱无关紧要。这就导致许多选民更喜欢富有的候选人，因为他们对捐赠者的依赖程度会降低。富有的候选人参政并不是为了钱，但对于那些没有足够多的钱支付竞选费用的候选人来说，成本确实很重要。于是，很多新当选的立法者就会面临许多诱惑，在立法中偏向他们捐赠者的利益从而获得新的资金。

现如今，要想在竞选中获胜，其成本比以往任何时候都要高。候选人的竞选活动不仅需要志愿者一起来组织，还必须依靠专业人士团队——民意测验专家、市场研究人员、政治战略家、数据分析师、广告专家和公共关系专家——的加持。候选人必须仔细选择这些专业团队，因为谁都知道候选人支付的钱越多，就越能请来更优质的专业人士。成功的竞选也需要精心设计的选举机制方能实现。考虑到在两个、三个或四个候选人的竞争中，最终只有一个人能获胜，人们便可以体会到为了让一个新的政治家当选而花费了多少钱财。

今天的候选人依赖于财大气粗的捐赠者。总统候选人需要一两个亿万富翁来支持他。竞选资金也来自院外游说集团和特定企业，它们认为候选人可以按它们的意志行事。在现实中，人们都知道政客们总 172
是支持持枪权或制药行业的利益。

关于如何减少进入政治的资金数量，没有简单的答案。其中，以下一些建议或许有用：

- 关于竞选广告何时可以开始投放，应该设立一个更短的政治广告周期。英国人将广告活动限制在选举投票日前 30 天内。他们的论点是，任何候选人都可以在 30 天内发布他们的信息。所有候选人都会因为不需要那么多钱而受益，希望他们都会同意这一规则。然而，这并不限制他们的公开演讲和集会等活动。

● 更有效地规范院外游说集团的活动。公众需要知道游说者到底是谁，他们把钱捐给了谁。要确保离职的国会议员在离开国会后的三年内不能与游说集团签约。劳伦斯·莱西格撰写了大量关于如何限制游说和选举开支的文章。

格里蝾螈选区划分制赋予现任议员长期连任的权力

两个政党在掌权时都会用格里蝾螈选区划分制来进行人为的选区划分。为了提高候选人连任的机会，它们制定了更好的选区重划方案，让更多支持自己的选民留在选区内。这可能会导致一些看上去奇形怪状的选区。如果新划定的选区包含更多的郊区，则共和党候选人获得连任的机会更大；相比之下，民主党候选人则通过在他们的选区包含更多城市社区而受益。

除非少数党积极主动地指出反对派的选区被严重不公正地划分，州立法机构将任凭这种选区划分制运行下去。所以，它们呼吁立法机构任命一个独立的选区重划委员会来研究这些变化并对其进行修改。这使得一些州开始重新划定选区边界。

党团预选会和初选制度使候选人观点日益极化

许多候选人通常会先在所属政党的党内小组会议或初选中展开竞争，从而拿下政党的提名。在封闭的初选中，只有政党成员才能投票。

在通常情况下，更加积极的成员会出席并投票。例如，共和党内的多 173
数“茶党成员”会积极参加初选，投票给他们最喜欢的候选人，这使得候选人必须表现得符合茶党的立场。于是乎在全国范围内，将出现许多支持茶党立场的共和党候选人。民主党内也有其碎片化和激进的小团体。

激进团体在初选过程中大量投票的现状可能导致两党都只能推举出不太能代表普遍政党偏好的候选人。两党的主要候选人之间可能会更加极端，因此不太可能在拟议的立法上妥协。这在很大程度上解释了当前政治僵局的持久性和僵局范围的扩散性。

基本的解决办法是动员更多普通党员参加初选活动并投票。但从历史上看，初选活动的出席率很低，也许只有三分之一的党员参加投票。政党因此需要向其成员宣传他们有义务投票，否则他们将选不出他们想要的候选人。党员应该有责任动员其他党员前来投票。

另一种选择是进行公开初选。这使得无党派人士和其他政党的成员都可以投票。后者可以把票投给最穷的候选人，以便他们自己的候选人能有更好的机会来与对方候选人进行竞争。

总统和国会之间内斗持续不断

每一位新当选的总统在一开始都想要与国会很好地开展合作。这也是符合总统利益的。如果总统从一开始就和国会议员貌合神离，那么议员们也不会支持总统所提的立法动议。总统可以通过在立法程序上减少主动性来获得议员们的善意，这就意味着总统不会推动太多的改变，而是让国会来决定必须改变什么。但如果总统做出这一选择，那么他也将以平平淡淡的领导业绩结束他的总统任期。

对于一位在某些具体问题上雄心勃勃，希望做出改善的新总统来说，选择减少立法主动性是一个高昂的代价。贝拉克·奥巴马显然对改善医疗保健、推动清洁能源、减少美国海外军事参与等方面所需的重大变革有一个清晰的愿景。显然，他将在国会面临更多来自反对党议员的挑战，也就需要自己所属政党的更大支持。但事实上，即便同属民主党阵营，国会和总统在某些问题上仍有明显的分歧，比如在通过伊核协议这个问题上。因此，总统越是强调自己的领导力，那么他在任内与国会的冲突就越大。

174 此外，如果国会正在经历严重的政治僵局，新总统也将无法通过急需的立法动议。公众将对他们的新总统感到失望，对国会也感到失望。这将需要一位拥有相当高的人际交往技巧的新总统，他必须掌握关于国会议员领袖们的所有私人信息，才能设法克服他们的阻力，让一些法案获得通过。林登·约翰逊便是这样一位总统，他对所有国会的议员都有足够的了解，使得他们能够在很多场合支持他的一些措施。

最有可能体现出领导效率的总统是在他所属的政党在众议院和参议院都取得压倒性胜利的情况下当选的总统。如果这位总统有良好的幽默感，这也会有所帮助。上述情形发生在罗纳德·里根成为美国第40任总统时。第42任总统比尔·克林顿领导的政府在向共和党做出了些许让步后也变得更加有效，他本人也变得更倾向于走中间路线，以便更有效地与共和党开展合作。

因此，一位总统要想在国会取得成功需具有以下要素：

- 转向更中间路线的立场，而不是极左或极右；
- 向反对党适当让步，以换取后者对某些问题的支持；
- 对国会和公众保持幽默感和开放的态度；

● 深入了解个别国会议员的弱点和优点，尽量多花点时间和他们相处。

联邦政府和州政府之间内斗持续不断

有一些公共活动和问题最好在地方或州的范围内解决，而另一些则最好在全国范围内解决。K－12 教育传统上是由地方来提供资金和实施的，主要原因是不同地方的人受教育程度不同，每个选区都自行决定它们认为需要接受多少程度的教育、提供教育最好的方式是什么以及要花多少钱来实现这一目标。联邦政府的教育部并不直接管理地方教育事务，但希望协助后者制定更高的标准。“公共核心课程”计划（Common Core Curriculum Program）的实施和《不让一个孩子掉队法案》（“No Child Left Behind” Act）的颁布是联邦政府提高教育标准的努力，但很明显，许多城市和州对这些计划感到不满，认为联邦政府的举措侵犯了它们对地方教育的控制权。

各州和各城市也希望有权制定自己的枪支购买和使用法律。联邦政府已经制定了一些具有普遍性原则的规则，即要保证枪支不会落入 175
精神不稳定的人或有前科的人之手。尽管如此，国会还是阻止了联邦政府将这些枪支管制措施充分标准化的尝试。通常我们会希望法律限制公民持有枪支的数量和他们可以拥有的枪支类型。

在其他问题上，如果需要以更充分的理由来支持法律规范的标准化并使其适用于全美所有州和城市，我们当下就可以找到一个更具说服力的案例，这就是婚姻法。从理论上讲，婚姻法应该由联邦政府在全国范围内制定，而不是由地方来自行规定。如果地方自行可以决定的话，那么有的城市就可能会禁止跨族群婚姻（如黑人和白人结合）

以及同性婚姻。如今，几乎所有的州都要求必须年满 18 周岁方能登记结婚，除了两个例外——内布拉斯加州要求年满 19 岁，而密西西比州则要求年满 21 岁。一些州允许 18 岁以下未成年的怀孕女性在没有父母或司法许可的情况下结婚。但是如果同性要结婚，则需要联邦层面通过一部新法律来保护同性婚姻之权利。如果没有全国通行的法律，有可能一对同性伴侣在某个州合法结婚，而在另外一个州则不会被承认他们婚姻的合法性。

当涉及商业时，制定并颁布全国范围内通行的标准化规章制度也显得非常重要。早在 1887 年，国会就通过了《州际商业法》（Interstate Commerce Act），用以规范和协调各州之间的商业交易，尤其是州际旅客和货物运输。像宝洁（Procter & Gamble）和卡夫（Kraft）这样的大品牌生产商，在全国销售其商品时，肯定不想费事查看每个城市和每个州的法律法规，它们期望全国有统一的标准。尽管如此，仍有其他行业——如生产酒精饮料和药品的行业——必须了解在每个城市或州监管其产品的不同法律。

人们更倾向于把一些监管控制权掌握在地方人士手中，他们更了解自己所在地的能力、要求和公众态度。美国之所以被创建，就是由于部分早期北美殖民地居民不想为茶叶缴税，同时也感觉无法从贩卖茶叶中获取好处。所以，在美国人的思维深处，地方自治权源于一种根深蒂固的本能，国会议员也随时准备为应该保留给地方和州的权限而辩护，因为他们必须对地方的选民做出回应。

与此同时，当不同地区在教育水平、卫生设施和枪支管控法律方面的差异变得特别明显时，有许多人会要求更多基于全国范围的标准化，从而使机会和能力平等地被全体人民享受。最终的结果是，在州保留权限和联邦推动的标准化之间将继续存在持续的竞争。

最高法院时刻准备着修改国会的立法

美国人深信，法律应该由国会来制定，而不能由总统或最高法院来修改。人们普遍认可的观点是，国会代表人民，执行人民的意愿。然而，在著名的 1803 年“马布里诉麦迪逊”一案中，当时的最高法院 176
一致投票裁定，最高法院可以宣布国会的一项法案违宪，即使宪法并没有明文赋予最高法院这样的权限。如果最高法院的大多数裁定都相当一致地认为某部法律违宪，这往往会引起人们的不满。这意味着 9 名大法官修改了一项由 500 名国会议员决定通过的法律。但现实情况是，这 9 名大法官处理的很多案件最终的结果是 5 比 4。事实就是，他们 9 人行使了创设或取消国会以公众利益之名义通过的法律的权力。

请各位读者看看参议员特德・克鲁兹在同性婚姻法通过时的愤怒吧，因为更多人士希望传统婚姻占主导地位。看看关于堕胎的斗争，许多州都想通过自己关于限制堕胎的法律。在 1973 年著名的“罗诉韦德”一案中，美国最高法院以 7 比 2 的投票结果裁定，禁止堕胎在每个州都是违宪的，遂使堕胎在美国各处合法化。

由于最高法院的许多决定都是以 5 比 4 的相对多数决定的，这往往会降低人们对法院判决的信心。人们普遍会认为，大法官们是在基于意识形态标准投票，而不是在每个具体案件中以事实为依据、以法律为准绳来进行投票。在理想情况下，新任的大法官应该在意识形态上保持中立，因为在每个个案中无法预测其他大法官会如何投票。肯尼迪大法官就是一个例子，因为他在通常情况下更倾向于保守派，但在少数情况下他也会更倾向于自由派。而托马斯大法官则是另外一种情况，他的投票是完全可以预见的。随着国会越来越愿意寻找不那么意识形态化的未来大法官的继任者，法院的裁决将得到更大范围的接受。遗憾的是，总统总是会提名那些和他所属政党立场观点相近的继任者，而如果反对党怀疑该继任者与总统的政党走得太近，就必然会反对这名继任者担任大法官。

通过新的宪法修正案困难重重

自 1787 年 9 月 17 日美国宪法通过以来，立法机关已经提出了 11 539 条修正案建议。这一数字不应令人感到意外。随着我们的经济形势、国际关系、技术水平和社会结构发生了如此之多的深刻的变化，人们的确会期望宪法也能获得更多修正的机会。自 1791 年批准的宪法前 10 条修正案（也称《权利法案》）通过以来，只有 17 条修正案冲破重重藩篱被写入国家的这一根本大法。最近的一次修正案，即第 27 条修正案，于 1992 年获得批准通过。

想要修正宪法有多种不同的方式，但目前广泛运用的只有以下两种：

- 最常见的方法确保了 27 条修正案中的 26 条获得通过。众议院和参议院分别对拟议修正案进行投票，必须达到各自三分之二的多数票方能通过。接下来，拟议修正案将送交 50 个州的州议会讨论批准，必须有四分之三的州议会通过，拟议修正案才算生效。这意味着只要有 13 个州的州议会反对，就可以阻止一项拟议修正案获得最终批准。

177

- 由各州提议召集制宪会议的形式也是一种方法，该方法要求必须由三分之二的州议会提议，才能召开全国制宪大会来修正宪法。拟议修正案必须得到响应并由参加全国制宪大会的所有州的四分之三多数通过，才能算生效。但是这种方法从未被使用过。

● 第 21 条修正案是以不同的方式通过的，该条修正案就是为了废除关于禁止出售酒精饮品的第 18 条修正案。国会两院所有议员的三分之二多数，投票赞成将该修正案送交各州批准。但国会并未坚持要求四分之三的州议会讨论批准该修正案，而是规定“本条除非在国会将其提交各州之日起七年以内，由各州修宪会议依照本宪法规定批准为宪法修正案，否则不发生效力”。国会之所以这样做，是因为支持者认为，各州修宪会议的当选代表们更有可能反映公众对禁酒令的看法。在国会通过该修正案后的十个月后，第 21 条修正案正式生效。

● 1992 年批准的第 27 条修正案获得通过，是迄今为止从提案到批准正式生效耗时最长的一条修正案。1789 年，詹姆斯·麦迪逊首次提出这一建议，即现任的国会议员不允许在其任期内通过任何法律以更改其履职期间的薪酬。1791 年，其已经得到了 6 个州的批准，但因为不符合四分之三州议会批准这一条件而被搁置，并被长期遗忘。美国人民对国会加薪的不满在 20 世纪末有所增加，并愈演愈烈，直到 1992 年第 27 条修正案最终获得批准。

很明显，修改宪法需要形成一个压倒性的共识，即一些情况迫切需要纠正。我们提出的修正案很多，而通过的修正案却很少，这主要归功于开国元勋们在制定宪法时的洞察力。我们的宪法并没有变得无关紧要。同时，一些杰出大法官采取的自由主义释宪路径，使我们的宪法被视为一份充满活力的文件，而不是忽视了社会发生的所有变化的几页冷冰冰的文件。当最高法院采取明智的行动使宪法不断适应我们所生活的这个世界时，人们便不再需要太多修正案。[1]

制定健全的外交政策困难重重

制定一项健全的外交政策会涉及许多参与者和无数的影响者。外交政策倡议可以来自总统、国务院或国会。总统是美国军队总司令，有权任命重要官员和缔结条约，代表美国接待外国使节并与他们通力合作以达成一致意见。

178 最好的安排是总统在制定所有重大外交政策时与国会保持真诚合作，而这也正是麻烦之处。国会议员来自两个党派，他们对美国外交政策总体上应该怎样，以及对中国、俄罗斯、朝鲜、伊朗、伊拉克和其他一些特定国家的具体政策应该怎样，都有着相当不同的看法。总统在很大程度上代表了所属政党的观点，他必须依靠大量事实和论据来向反对派议员论证在任何重大外交政策上所采取的立场的合理性。妥协是不可避免的。面对世界上不断变化的事件，总统代表的行政分支能够快速反应并提出有效对策，而相比之下国会的速度缓慢得多，议员要经过无数次辩论才能批准总统的政策动议。结果就是，总统经常无法在合理的时间内做出令其他国家满意的回复和行动。

许多贸易协定和军事举措都必须等待国会批准。国会还可以通过决议、政策声明、立法指令、立法压力、非正式建议或资金驳回等方式来实施自己的外交政策举措。总统代表的行政分支可以视情况——国会出台的外交政策是出于私利还是出于公众的利益——选择支持或试图改变国会的政策。

我们很难判定在制定和实施外交政策方面哪个机构的功劳更大，因为这涉及美国政府立法分支和行政分支大量的合作。外交政策不可能采用对任何国家都适用的总体构想和宏伟设计的形式，而是需要根据不同国家和地区的具体情况实施个别政策。有时，总统在外交政策中扮演着强有力的领导者的角色，而另外一些时候，国会则主导着外交政策议程。

让政府机关负起责任来困难重重

公众有权期望政府机构能为着一个真正的目标而有效地运作。每个政府机构的建立都应满足真正的公共需求，而这些是私营部门无法满足的。政府机构应该有充足的资金以实现其目标，同时也应该定期接受审查，以确定是否应终止、扩大服务项目或保持现状。

每个机构都可能受到那些受其监管的人和那些觉得服务差的人的批评。许多人都抱怨美国政府机构过于臃肿，职责重叠且相互竞争，花费了纳税人太多的钱，官僚作风严重且决策缓慢。商业团体尤其认为，这些政府机构给它们带来了延误，要求它们放弃已计划好的战略或增加了成本，而所有这些都会阻碍投资，并进而减缓经济增长。

然而，公众希望合格且有能力的政府机构来确保食品和药品的安 179
全性（因此需要联邦药品管理局），希望享受无污染的环境（因此需要环境保护署），希望购买安全产品（因此需要消费品安全委员会），希望航空公司和机场保持安全水准（因此需要联邦航空管理局），希望享有平等就业的机会（因此需要平等就业机会委员会），以及希望证券市场公平运行（因此需要证券交易委员会）。

可以说，美国人主要需要的是建立一个良好的公共服务体系，招募合格的雇员和管理人员，并向他们支付足够的工资，以有效地管理政府行政事务。

结论

每个民主政体都有自己的缺陷。在1863年林肯发布《解放黑人奴隶宣言》之前，美国仍允许奴隶制的存在。在1920年通过宪法第16条修正案之前，美国的妇女都没有投票权。最近，美国正在从一个“民治和民享”的政府转变为一个“由1%的人掌控且为1%的人服务的政府”。本章回顾了目前的14项缺陷，并提出了可能的改革建议。任何国家的治理体系都不能也不应该保持一成不变，必须具有韧性并能适应新的力量。问题在于，公民是否有改善民主的意愿，还是任凭民主随波逐流，偏离其原有的价值和原则。

专栏作家托马斯·弗里德曼（Thomas Friedman）认为，保持强大的最重要来源是“开拓创新的企业家精神”、“多元主义的伦理观”和“高质量的治理机构”；他认为所有这些都已经落后了。哈佛大学已故著名政治学家塞缪尔·亨廷顿（Samuel Huntington）教授认为，民主信条由三个核心价值观组成，即平等主义、自由和个人主义。大多数公民不希望这些核心价值观在强大的技术、全球化趋势和收入不平等的力量下萎缩。民主政体下的公民必须感到，这种制度为他们提供了平等的发言权、言论自由、人身安全和法治原则。让我们希望所有这些价值观都能得到保持和维护。

注释

[1] http://classroom.synonym.com/four-ways-pass-amendment-constitution-11631.html（2016年3月3日登录）。

第 11 章
处理政府重大政策问题

当合适的人聚在一起时，问题就会成为机遇。

——罗伯特·雷德福（Robert Redford）

183 美国人民和他们选出的代表每年必须就大量问题做出决定。许多最重要的问题年复一年地继续存在，没有任何解决办法。国会中的议员们似乎更喜欢用“踢罐头瓶”的方式把问题无限期地拖延下去，也不愿意稍微花点精力以合作的方式找到真正的政策解决方案。

笔者将在本章中对16个最持久最热门的政策议题进行一番点评。这些议题按英文单词首字母顺序排列如下：

1. 堕胎（abortion）
2. 竞选资金（campaign finance）
3. 气候和污染（climate and pollution）
4. 消费者保护（consumer protection）
5. 贩毒与禁毒（drug wars）
6. 枪支管制（gun control）
7. 医疗保障（healthcare）
8. 移民（immigration）
9. 监狱（incarceration and prisons）
10. 基础设施（infrastructure）
11. 军事和国防（military and defense）
12. 国家债务（national debt）
13. 贫困（poverty）
14. 社会保障和退休（social security and retirement）
15. 助学贷款（student loans）
16. 税收（taxes）

接下来让我们对这些议题一一分析。

堕胎

1973 年的“罗诉韦德”一案是美国最高法院关于堕胎问题的一项具有里程碑意义的裁决。几乎就在同一时期，美国法律史上出现了与上述案件极其相似的另一个案件，这就是著名的“多伊诉博尔顿”（*Doe vs Bolton*）一案。在该案中，最高法院根据美国宪法第 14 条修正案，以 7 比 2 的结果裁定可以将隐私权延伸至妇女是否可以自主选择堕胎的决定，但这一权利的运用必须与国家在约束堕胎方面的两个合法利益相平衡，即保护妇女之身体健康和保护人类生命之潜能。最高法院认为国家利益大大地高于妇女个体妊娠的整个过程，因此将州对堕胎的约束仅限于妊娠晚期（最末三个月），从而解决了上述平衡问题。一旦新生儿可能在母亲的子宫外存活，则堕胎不再被允许。按照医学标准，“生存能力”通常出现在妊娠 7 个月（28 周）左右，但也可能出现得更早，有时甚至在 24 周左右便可显现。[1] *184*

随着时间的推移，那些鄙视堕胎决定的人便试图通过法律和其他手段来削弱该决定之影响。他们称自己为“支持生命派”，实际上就是反对堕胎；而与之相对的则是“支持选择派”，实际上就是支持堕胎。反堕胎组织认为，一个人的生命从受孕的时候就开始了，因此堕胎无异于谋杀。他们认为胎儿和母亲一样享有公民权利。有一些反堕胎组织的极端成员甚至认为，即便是在强奸案的情况下产生的受孕都不应允许堕胎，或是未出生的孩子在怀孕早期的孕检中查出其有可能在出生后存在生理缺陷的情况下，也不允许堕胎。这些组织在可以实施计划生育的诊所附近组织了激烈的基层示威活动，在少数极端案例中甚至杀害了一名进行堕胎的外科主刀医生。

反堕胎支持者同时也已经采取了不少法律措施，在他们的影响下，一些州议会在妇女选择堕胎权的道路上设置了更多的困难。例如，得克萨斯州就规定，诊所需要达到现代医院标准的医疗设备和程序方可实施相关手术。结果，一些计划生育中心不得不关门，因为它们负担不起这种标准的设备。其他一些州则规定，怀孕妇女在做出堕胎决定之前，必须通过仪器看一看子宫内未出生的胎儿。还有一些州则要求年轻女性必须征得父母的同意或经历漫长的等待期方可接受手术。

支持堕胎的团体认为，受孕妇女都面临着一个非常困难的决定，她们不愿意做出这个决定，但她们已经权衡了利弊，并决定堕胎是最
185 好的解决办法。如果不堕胎，那些怀孕的年轻女孩可能不得不放弃上大学的想法，以及在没有丈夫或良好就业前景的情况下照顾新生儿。每位妇女都应该自由地做她认为对自己最有利的选择。支持堕胎的团体并不认为人类生命自受孕之时便已存在，同时也不认为某种宗教运动的特定信仰与人类在受精之时是否存在这一科学问题密切相关。

当前，在这个问题上找到妥协方案的可能性依旧很低。法律仍然站在母亲选择的自由一边；然而，与此同时，反堕胎组织也继续通过各种方式尽可能阻止或推迟堕胎的决定。

竞选资金

政治竞选活动过去很简单：通过让尽可能多的公民签署一份请愿书，支持你成为一名候选人；或通过你所属政党支持你作为该党推选的候选人之一；开始与不同的群体谈论你的信念和经历；面对选民时保持微笑、与选民握手、亲吻婴儿；等等，你便可能会赢得提名。

现如今如果要参与竞选，首先要找到一些相信你的有钱人。你的竞选活动将会花费大笔资金。如果你能得到某个亿万富翁的赞赏，你

就有了一个好的开始。但是也不要忽视普通人，而且一定要接受他们最少 5 美元的捐赠。

以下是当前美国法律针对捐资者支持候选人和竞选活动的限制性条款：

- 每位捐资者在一个竞选周期中可给每个候选人不超过 2 700 美元的捐资；
- 每位捐资者在一个竞选周期中可给每个政治行动委员会不超过 5 000 美元的捐资；
- 每位捐资者在一年中可给一个政党不超过 33 400 美元的捐资；
- 每位捐资者（不论个人或企业）在一个竞选周期中可给一个超级政治行动委员会进行无限额的捐资且其姓名不必公开；
- 每位捐资者（不论个人或企业）可给一个社会福利组织进行无限额的捐资且其姓名不必公开。

联邦最高法院以 5 比 4 的结果做出了有利于“公民联合会”的裁决，这意味着每个公司和组织都可以自由地向政治行动委员会和超级政治行动委员会捐款。政治行动委员会的存在是为了支持特定的候选人，必须公开列出捐赠者和金额。最高法院 2010 年的“公民联合会”一案的裁决直接决定了超级政治行动委员会的组成。从技术上讲，超级政治行动委员会“必须专门为促进社会福利而创建和运作”。从事一些政治活动是允许的，但不能成为该组织的“首要”任务。然而，现任国税局局长表示，这些超级政治行动委员会可以将高达 49%的捐赠收入用于政治活动，且仍享有免税权。

很明显，富有的捐赠者和公司有很多方式向被它们选择的候选人 186

和政党提供大量资金。目前学界政界已经提出了许多限制政治竞选支出数额的建议，包括：

● 要求所有候选人申请公共资金来资助他们的竞选活动。所有候选人都将获得与他们希望的相同金额的花费。他们还将同意不接受来自个人捐赠者、公司、工会或非营利组织的额外资金。选举期间的竞选活动将被限制在30天，就像在英国一样。

● 保持目前的安排，但要求超级政治行动委员会列出捐赠者的姓名和金额，并严格限制支持候选人而不是促进社会问题的比例。

● 撤销“公民联合会”一案的裁决，该裁决称公司是可以自由支持候选人的“人”。严格限制所有组织为支持政治候选人提供的资金数额。

气候与污染

根据世界卫生组织（WHO）的数据，2010年有22.3万人死于因暴露于空气污染而导致的肺癌。亚洲的许多城市都正在遭受着污染困扰。一些欧洲城市（如保加利亚的索菲亚和波兰的克拉科夫）以及不少美国城市（如加利福尼亚州的贝克斯菲尔德和弗雷斯诺）都是严重污染地区。当然，美国和西欧城市的污染程度相对而言比亚洲的城市轻，这主要是因为企业需要符合更严格的防污染投资条件。

水污染也是一个日益严重的问题。我们的海洋一直是有害化学品和垃圾的倾倒场，这些化学品和垃圾一直在毒害鱼类和海洋生物。目前，用于制备化妆品的塑料微珠正在填充着我们的水域，导致更多的鱼类死亡。

美国政府于 1970 年在尼克松总统的领导下成立了环境保护署，以保护人类健康和环境。环保署建立了公平的做法，以分担产生污染的成本和责任，其中一项政策是对可允许的碳污染数量设定限制，并要求公司实行总量管制和交易。不过，当前有不少政客却指责环保署的领导层给产业发展带来了太多的监管限制。

最终的问题是，鉴于污染将明显减缓经济增长的速度，那么防控污染的度应该如何把握。专栏作家乔治·威尔认为，关于气候变化研究的科学性值得怀疑，并抱怨说，由于采取了减少污染的监管措施，很多国家正在面临工作岗位的严重流失和经济增长的明显减缓。

那么，国会是否能做出更清楚的评估，以分析在不同程度的空气 187
和水污染防治手段下，到底有多少人会失去工作？

消费者保护

资本主义生产体制一直是提高世界各地人民生活水平的推动力之一。只要有人愿意购买，各类公司可以自由地设计和销售其产品和服务。公司设定了销售目标，并培训和激励它的营销人员尽可能多地售卖产品和提供服务，而这些营销人员则根据他们销售的数量获得奖励。销售人员可能会试图说服一个家庭购买它负担不起的房子或汽车，他们使用的技巧就是提供简单的融资，使消费者每月的分期付款看起来数额不大且具有可行性，但是实际上却承担了被隐藏起来的高额融资成本。

在这种情况下，我们可以列举一些消费者可能需要被保护的原因：

- 信用卡公司、银行和零售商可能会让消费者很容易购买他们负担不起的东西。

- 一些卖家可能会制造或销售那些有可能伤害消费者的产品。例如，烟草公司的产品会损害吸烟者的健康；食品公司或餐馆可能会出售过期或对人们健康有害的食品；制造商可能会生产带有缺陷的梯子或汽车，而这些则极有可能会伤害用户或其他人。
- 一些卖家可能会销售完全安全的产品，但会夸大其性能。以一家制药公司为例，它生产的药片只是一种安慰剂，但营销的时候却声称该药片会缓解生理上的病痛。营销人员是很会讲故事的人，在他们的描述下，其产品性能或好处要超出实际情况许多倍。

由于这样或那样的原因，国家设置消费者保护机构并制定出台相关法律法规来对产品进行测试以确保其安全性，并确保销售商的各项描述都不会言过其实。

贩毒和禁毒

尼克松总统于 1971 年 6 月明确“要向毒品宣战”，并扩大了联邦层面药品监管机构的规模。他推动采取了包括强制判刑在内的各项举措以确保这项禁毒事业取得成效，那些被政府明确列为违禁的药品包括大麻、鸦片、可卡因、海洛因和致幻剂（psychedelics）。

188 关于大麻，1972 年曾经有一个委员会建议将持有和分发供个人使用的大麻合法化，然而尼克松总统拒绝了这一建议。不过，在 1973—1977 年这段时间，仍然有 11 个州将持有大麻合法化。最终，1977 年 10 月，参议院司法委员会规定，持有不超过一盎司（约 28.35 克）大麻并仅供个人使用时才能被认为合法。

20 世纪 80 年代，家长们开始抱怨青少年吸食大麻的比例居高不下。里根总统发起了一场广受欢迎的反毒品运动，口号就是“向毒品说不”（Just Say No），并推动了零容忍政策。这导致监狱中的人数陡增：1980 年时为 473 368 人，而 2001 年则超过 2 042 479 人。

比尔·克林顿在 1992 年的总统竞选活动中，主张积极治疗而不是简单粗暴地监禁。但在赢得总统选举后，他的政府继续升级针对毒品的战争。直到他的总统任期即将结束时，他才呼吁重新审查监禁政策，并倾向于促使大麻合法化。

等到小布什任总统时，政府拨出更多的经费来禁止毒品，包括每年对美国人发动 4 万余次准军事风格的 SWAT（特种部队）突袭。

然而，改革禁毒法的努力也仍在继续。许多政界名人——包括迈克尔·布隆伯格、贝拉克·奥巴马等人——都公开承认他们年轻时曾服用过大麻。现在，鉴于 2013 年全美已经有超过 2 220 300 名涉毒罪犯被关进监狱，公众舆论正在发生着明显的变化。科罗拉多和俄勒冈等州积极放开对大麻的管制，尤其是开始允许一些原本用于医用的大麻可被用于娱乐。

美国对毒品的强硬政策应该包括哪些内容？或许可以包括以下一些选项：

- 继续在“反毒品战争”上加大投入，把那些毒贩纷纷投入监狱，并保持零容忍，对吸毒者施以持续严厉的判决。
- 继续在“反毒品战争”上加大投入，但减轻对个人使用大麻的处罚，让法官有自由裁量权并做出低于正常的刑罚水平的判决，把更多经费投入戒毒治疗而不是监禁。
- 通过参加教育和其他康复方案，让更多囚犯有机会获得早期释放；封存或删除青少年犯罪记录，使人们不会因为在年轻时犯下罪行而承受终身负担，并使年纪较大的囚犯更容易提前获释。

● 将个人对毒品的使用视为私人事宜，政府仅仅严厉惩处贩毒者。

● 将个人对毒品的使用视为私人事宜，通过专卖渠道以政府开设的专售点出售大麻及其他药品，以保证其安全性并确保收入归政府所有。

● 将个人对毒品的使用视为私人事宜，允许“民营机构”来管理大麻的销售。

189 这方面的进展不可避免地会很缓慢，但目前毒品政策改革的背后有了新的动力。我们期待着这样一个未来：在科学研究的指导下，严厉的毒品政策被用来说服年轻人和其他人对毒品说不。

枪支管制

美国是世界上私人持枪率最高的国家。在许多州，人们可以在没有太多关于精神稳定或犯罪行为背景调查的情况下购买到枪支。他们想买多少枪就买多少，他们甚至可以携带枪支进入购物中心、学校和教堂。

美国人对枪支的热爱可以说有着悠久的历史。大量的电影戏剧化地描述了在曾经无法无天的西部世界，以及在约翰·迪林杰（John Dillinger）和阿尔·卡彭（Al Capone）等著名黑帮人物的手中，枪支弹药扮演了何等举足轻重的角色。拥有枪支的权利源自对美国宪法第2条修正案的解释，该修正案规定：“管理良好的民兵组织是维系自由州之安全所必需的举措，故人民持有和携带武器的权利不得侵犯。”不过从技术上讲，这是民兵的权利，但不是个人的权利。最高法院未能回到宪法的最初意图之上。

许多人都命丧枪口之下——其场景包括帮派战争、黑帮战争、情感争吵、熊孩子对武器的摆弄，以及偶尔有一个疯子在被捕或被杀前开枪打死几个人。上述每一次事件都搅动着公众的不安，并一次又一次敦促国会立法以限制枪支泛滥。奥巴马总统在这些至暗时刻大声呼吁以支持更严格的控枪法律，但是有些人会说他讲得很真诚，有些人则会说在举国哀悼时以这种方式博眼球很不恰当。

然而，强大的美国全国步枪协会（National Rifle Association，NRA）和各类狩猎协会不断游说国会议员，不要通过任何限制拥有枪支权利的立法。全国步枪协会明确表示，任何支持遏制枪支的国会议员都不会从该组织获得任何财政支持，甚至会遭受反对其连任的广告。毫无疑问，全国步枪协会被认为是华盛顿实力最强的游说团体。

那么我们对枪支所有权能做些什么？以下或许是一些选项：

- 什么都不做，让现状继续下去。承认多数事情无法改变，接受关于问题出在杀人犯身上而不在武器上这一论点。
- 通过一项法律，要求每个持有枪支的人提供其具体的枪支信息。
- 将拥有的枪支数量限制在两支以内，并禁止装填 6 发以上 190
子弹的枪支。
- 禁止在公共场合使用枪支，它们的使用仅限于家用和狩猎场。

医疗保障

截至目前，美国已经建立了四种医疗保险计划：医疗保险、医疗补助、儿童健康保险计划（Children's Health Insurance Program，CHIP）和《平价医疗法案》。这些保险计划占 2014 年联邦预算的 24%，即8 360 亿美元。其中大约 5 110 亿美元用于医疗保险，为大约 5 400 万 65 岁以上或有残疾的人士提供医疗保险。医疗补助和儿童健康保险计划弥补了剩余部分，为 7 000 万低收入儿童、父母、老年人和残疾人提供医疗保健或长期保健服务。医疗补助和儿童健康保险计划要求各州支付匹配的款项。

2010 年 3 月 23 日，总统奥巴马签署了《平价医疗法案》，引入了不少新的福利、权利和保护措施，旨在确保更多的美国人获得可靠、高质量的医疗保健。所有人不论具体情况如何，都有权购买健康保险。《平价医疗法案》将降低医疗保健支出和促进其他一些改革作为目标之一。

在《平价医疗法案》之前，估计有 4 500 万美国人没有任何保险。要么是保险公司拒绝承保，要么是许多美国人没有购买保险的钱，达到了被视为国家耻辱的规定水平。之前通过的许多法案都是为了缓解这种情况，但都没有成功，直到马萨诸塞州州长米特·罗姆尼提出了一项改革法案，成为平价法案的模式。

该法案要求所有人都购买医疗保险，并选择他们喜欢的计划，这是用来筹集所需资金的必需之策，以资助新法案。年轻人将不得不购买医疗保险。否则，他们会选择不购买保险，理由是他们很健康，他们更愿意在年老时再购买保险。该法案保证了那些贫穷和负担不起医保费的人能得到补贴。

自从该法案实施以来，大多数共和党国会议员都试图废除它或以某种方式使其无效。废除该法案的申诉于 2012 年 6 月 28 日提交至最
191 高法院，但法院最终维持了这一法案。普遍的共识是，该法案改善了

国家的状况，降低了医疗保健的成本增长率。

医疗补助计划于 1965 年在《社会保障法案》(Social Security Act) 中增加了第 19 条，该计划也引起了争议，因为各州必须承担部分费用。根据法案，联邦政府向各州提供配套资金，使其能够向资源有限的低收入个人和家庭提供医疗援助。所有拥有高达贫困线 133%的美国公民和合法居民，包括没有需要抚养的子女的成年人，都有资格在任何参加医疗补助计划的州获得保险。每个州目前都有很大的余地来决定谁有资格实施该计划，但必须满足一定的标准。各州不能被迫满足旨在扩大该计划的计划。但这些不情愿的州将继续获得以前既定水平的医疗补助资金。许多批评人士担心，医疗补助计划将无法继续满足其财政要求。一些州希望限制或取消医疗补助，让贫困消费者在需要治疗时使用医院的急诊室。

以下备选方案需要被仔细甄别：

● 取消《平价医疗法案》，恢复以前的自愿医疗保健制度。共和党候选人一致呼吁废除医疗改革法——特朗普称其为“灾难”，而杰布·布什称其为“怪物”。然而，他们还没有提出一个更好的医疗保健计划来取代现行的《平价医疗法案》。

● 保留《平价医疗法案》并鼓励其进一步发展。它为更多的家庭提供了保险。并促进了一些医疗费用的降低。

● 对《平价医疗法案》进行修改，以保护人们免受共付额和免赔额的影响，这些免赔额的增长速度超过了他们的工资。希拉里·克林顿提议设立一项高达 5 000 美元的新税收抵免，以帮助家庭支付高额的自付医疗费用，并要求保险公司在人们开始支付免赔额之前，每年支付三次医生的费用。

● 用一个单一的政府支付者系统取代《平价医疗法案》，扩大医疗保险覆盖至每一个美国人，这将通过消除私人保险公司的需求和成本来降低成本。该系统的工作方式将与退伍军人医疗保健管理局处理美国退伍军人健康的方式非常相似。这是总统候选人伯尼·桑德斯所青睐的选项。

● 降低制造商在没有合理理由的情况下设定的美国处方药过高的价格。授权医疗保险与制药公司谈判，以压低价格，并允许美国人从其他国家进口便宜的药品。一些很昂贵的药品每个月要花 250 美元，这掏空了病患的钱袋子。然而，共和党候选人认为，私人谈判和允许并鼓励药企之间的竞争有利于遏制药品成本。

移民

192 **移民政策在美国是一个长期存在且争议不断的问题，当前，涉及移民的主要问题是大量来自墨西哥和中美洲的非法移民的流入。如何处理这 1 100 余万非法移民，以下是四个可替代性的建议：**

1. 找到他们并将他们全部送回原籍。(这就是特朗普和不少共和党人的立场。)

2. 除了那些在美国出生的人之外，其他人还是要被送回原籍。(宪法规定，任何在美国出生的人都有权获得公民身份。)

3. 为那些长期滞留美国，但身体健全且正在工作的非法移民提供大赦制度。提供一条分阶段的途径，使之最终可以成为合法的美国公民。

4. 当前什么都不做，只是确保今后不再有更多移民以非法方式进入美国，这要通过建立强大的防护墙和安保体系来实现。

共和党人都支持建议 1、2 和 4，而民主党人则支持建议 3。

监狱

美国监狱里关押的囚犯比其他任何国家都要多。2013 年，2 220 300 名成年人（这几乎占美国人口的 1%）被关押在美国联邦、州、县管理的各级各类监狱。此外，2013 年有 4 751 400 名成年人处于缓刑或假释状态。这就意味着有 6 899 000 名成年人——每 35 名美国居民中就有 1 人——接受着惩教性质的监管。其中，2013 年有 54 148 名被拘押者是青少年拘留中心的青少年。

罗纳德·里根总统和他所属的共和党均希望以严厉手段打击犯罪， 193
这种政策产生了众多的受监禁人员。新的规则得以被指定，法官开始判罚更长的刑期。现实情况是，大多数监狱的运作目的是实施惩罚，而不是使服刑人员得以改造。许多囚犯是贩卖烈性毒品的毒贩以及吸毒者，他们被监禁是缘于政府的禁毒大行动。由于需要更多的监狱来收押更多囚犯，政府甚至请私营公司出资在一些特定城镇修建监狱，从而使之成为拉动当地经济发展的重要因素。

令人尴尬的居高不下的囚犯数量致使最近判决变得越来越轻，并将重点从惩罚转向改造。监狱正在教授有用的知识，这些知识可能为囚犯离开监狱后获得某项就业技能提供便利。更多的工作是在囚犯获释后的过渡期帮助他们找到居所和工作，以避免他们回到导致其被捕的生活方式中去。甚至有人提出，应该全面监控刑满获释人员在时间和位置上的移动情况，以确保其不再重新陷入同样的犯罪。

基础设施

经济运行的一个主要因素是基础设施——包括公路、桥梁、港口、铁路、机场、学校等的状况。美国曾经拥有强大的基础设施，从而稳步降低了货物流动之成本。相比之下，其他发展中国家（如印度和中国）曾经被不充分或不完善的道路和其他基础设施所困扰。不过，这一问题在中国已经获得质的改善，而印度的情况现在也正在转好。

但美国基础设施的质量正在严重下滑，很多设施都没有定期更新。土木工程师给美国的许多基础设施部件的评级都很低，一些桥梁已经坍塌，不少公路也已经坑坑洼洼。

事实是，维护高质量的基础设施是非常昂贵的，但是当前联邦政府以及很多州和地方政府的资金已经枯竭。2008—2011 年的大衰退提供了一个很好的机会让失业者在基础设施领域重新获得工作，其中一些已经做到但是仍然不够。

笔者建议政府应该设立一个基础设施管理局之类的机构，以持续性地评估那些需要修复的基础设施。部分经费需要从国防领域上转移出来，以解决基础设施的问题。除了作为一种促进就业的手段外，高质量的基础设施建设可以为良好安全的经济运行提供重要保证。

军事和国防

194 美国建立了世界上最强大的军事力量。它在世界各地都驻扎有军队，它与北大西洋公约组织、日本、以色列、沙特阿拉伯以及很多国家都建立了联盟关系，它拥有规模庞大的核武器储备，它是军事装备和各类武器的主要制造商。

为了建立并维持如此强大的军事力量，美国也承担了巨大的成本，但这样使其许多盟友免于武装自己。当美国把大把大把的资金花在武器和防务上时，其盟友可以用它们的钱来发展经济，巩固其具有竞争性的经济体。由此而产生的问题是，美国是否对其盟友过于慷慨。

长期引人注目的问题是，每年联邦预算里有多少经费用于军事和国防。现有数据显示，约 18%的联邦预算——6 150 亿美元——被用于国防和安全相关的国际活动。这笔钱中的大部分都流向了国防部，但是政府面临的问题似乎总是要追加还是要削减国防经费。海军需要更多的舰艇吗？不久前，国会试图拨给军方更多的经费，而这些经费远远超出军方所需。不少国会议员在他们所在的州都有和武器制造相关的业务，并希望保持工作岗位正常运转。军事装备是否老化？是否有足够的新装备？创新需要更高的预算？或者是时候减少这一预算，将更多的资金用于教育、基础设施、医疗保健和社会需求？

以下或许是一些可供选择的政策选项：

- 大幅增加军事和国防开支，让美国的敌人知道这一点。美国并没有变得软弱，而是准备好了打击类似“伊斯兰国”这样的恐怖组织和其他敌人。
- 将军事国防经费保持在联邦预算的 18%左右，并将资金优先用于装备和国防需求。
- 减少军事预算，把更多的钱投入改善教育、基础设施、卫生系统和社会需求的计划。
- 减少军事预算，把钱转移到减少联邦债务上，这样美国就不必支付这么多利息来为债务融资。

国家债务

2007年，美国国家债务（不含州和地方债务）为8.971万亿美元，而当年美国的国内生产总值（GDP）为14.570万亿美元。

195 因此，国家债务约占GDP的62%。这还不是国家债务与GDP之比的危险水平。截至2014年，美国的国家债务增长至17.794万亿美元，而GDP则只有17.522万亿美元，也就是说债务占GDP的比重已经达到102%。保守派现在非常担心这种债务水平，原因包括以下要点：

- 美国政府不得不从国内外各处借钱（尤其是过去向中国借钱）。
- 美国必须为国家债务支付年度利息。2013年，债务的净利息支出总计为2 227.5亿美元，占所有联邦支出的6.23%。政府支付的债务平均利率为2.43%。幸运的是，这是一个非常低的利率。但想象一下，如果严重的通货膨胀开始发生，利率将会不断上升，这将大大增加美国国家债务的税收负担。

目前，只有两种方法可以减少债务。首先是削减联邦开支。被削减的目标通常是社会福利和社会保障方面的支出，国防预算则只能允许少量削减。其次则是提高税收，特别是对富人的税收。这就遭到了保守派的反对，理由是富人会减少投资和减少工作，从而进一步减少国家的GDP。因此，这是当代美国政治中可怕的政党僵局的一个最好例证，民主党和共和党双方都不想做出哪怕是一些小小的让步。遗憾的是，每年我们都会因此增加额外的赤字和国家债务。

贫困

根据美国政府对不同规模家庭的食物、衣服和住所所需的衡量标准来判定，约 15%的美国人生活在贫困线以下。在这样一个富裕的国家还有这么多穷人，的确是一件很尴尬的事情。美国政府通过推行大量的社会福利计划来应对这一问题，其举措包括发放食品券、实施负收入信贷（negative earned income credit）和社会援助计划。政府还试图开发尽可能多的创收机会，但仍有很多人要么找不到工作，要么压根就不想找工作。

我们习惯于认为贫穷是一个恶性循环的文化问题。穷人有太多的孩子，需要社会援助，久而久之变得依赖于这种援助，从而失去了走出贫困的意愿和想法。现在的美国也面临着脱贫减贫的激烈斗争，但事实上并没有改变目前的贫困现状。贫穷会使生命被消耗殆尽，使人陷入绝望、无家可归的境地和滑向犯罪，并影响政治和社会秩序。

当前最需要的是在以下两个方面进行努力：

首先是创造更多的就业机会。如果私营部门不能创造足够多的就 196
业机会，我们必须在公共部门创造就业机会。我们已经看到，基础设施正在老化，可以在这方面创造更多的就业机会，以改善基础设施。

其次就是要提高最低工资。美国的最低工资为每小时 7.45 美元，如果一个人每天工作 8 小时，在一年中持续工作 52 周不间断，那么一年的最低工资接近 15 000 美元。即便如此，15 000 美元的年收入对个人而言仍可能徘徊在贫困线，对一个家庭而言这个年收入水平则绝对属于贫困。幸运的是，许多美国城市现在正在采取行动，将最低工资提高到 10 美元或高达 15 美元，这取决于该地区的生活成本。即使是每小时 15 美元，也很难让人摆脱贫困阶层，但是这的确是一个进步且正确的方向。

社会保障和退休

《社会保障法案》是 1935 年罗斯福总统执政时通过的，目的是在大萧条期间和之后为人们提供必要的帮助。该法案确保每月向 65 岁退休的人士支付养老金。同时，在职工作人员则必须以其每月收入的部分额度为基数缴纳社会保障金，缴存基数的上限为 118 500 美元。截至目前，《社会保障法案》已多次修订。

2014 年，联邦政府预算的 24%——8 510 亿美元——被用于支付社会保障。2014 年 12 月的数据显示，社会保障金为全美 3 900 万名退休职工提供了每月平均 1 329 美元的退休金。此外，社会保障金还向 230 万名退休职工的配偶和子女提供了福利，向 610 万名已故职工的子女和遗属提供了福利，以及 1 090 万名残障职工及其合格家属提供福利。

共和党人认为，退休人员日渐增多而在职人员不断减少，两者之比不断上升，这会使得社会保障基金将在 20～40 年内耗尽。因此共和党人主张取消社会保障，让职工们自己决定是否想把自己的收入以储蓄方式存起来以备退休后使用。他们的观点是，职工们可以从储蓄中获得比给政府缴纳社保金更高的回报。小布什执政时期曾领导了一次取代社会保障的重大尝试，但很遗憾他没有成功。

民主党人希望继续推动社会保障，甚至扩大其福利。他们提议通过以下两项措施增加进入社会保障的收入：

197 ● 要求所有在职工作人员以其全部收入为基数来缴纳社会保障金，而不仅仅是以 118 000 美元为上限。换言之，收入更高的人将会缴存更多社保金。

● 在支付社会保障福利时进行经济状况调查以区别对待，对有较高退休储蓄的人少发或不发养老金，即便他们在职时缴纳了社会保障金。

这就使得以下一些政策变为可选的选项：

● 让社会保障保持现状。

● 通过对每个人的收入设定相同的税收，不设限制，为社会保障筹集更多的资金。

● 进行经济状况调查，并将社会保障发放限制在那些退休金较低的人身上。

● 允许在职人员选择政府社保金以外的保障计划，将他们收入的固定份额存起来，以便在他们退休后使用。

● 将社会保障的发放年龄设定为从 67 岁或 70 岁开始，而不是当前的 65 岁，以降低社会保障支付其资金的比值。

助学贷款

尽管国家认为应该保证尽可能多的学生上大学，但是急剧上升的大学成本仍然让很多人望而却步。在德国，学生可以免费上大学，但在美国，学生将面临每年 2 万～6 万美元的费用（取决于学校各自规定），更不用说学生在上大学期间无法通过就业获得收入。

为了保证较高水平的大学入学率，使用银行或大学或两者一起提供的助学贷款成了学生可依赖的重要渠道。如今，尚未偿还的助学贷款总额高达 1.2 万亿美元，在美国普通高校，平均每名大学生背负着 3

万美元的学生债务。毕业后，绝大多数学生必须开始偿还他们的贷款，这就限制了他们购买汽车、住房、家具和其他大件物品的能力，也减少了对这些商品的需求，从而在一定程度上降低了美国经济的增长率。

政府已经提出了一些减少助学贷款债务的建议，包括：

- 政府从国防或其他类别预算中提取资金来支付大学教育费用。
- 政府和大学应该根据需要而不是仅仅看成绩来决定是否增加奖学金援助的数量。
- 198 将学生债务的年度偿还额限制在个人年收入的10%或更少比例。
- 学生必须为助学贷款支付的利率应该被限制在较低水准。

税收

税收问题一直是困扰政府和公民的重要事项。事实上，美国政府之所以得以成立，就是源于一场税务纠纷。18世纪时，英国政府为倾销英国东印度公司的积存茶叶，通过立法给予东印度公司到北美殖民地销售积压茶叶的专利权，免缴高额的进口关税，只征收轻微的茶税。同时英国政府明令禁止殖民地贩卖“私茶”。1773年12月16日，东印度公司的三艘满载茶叶的货船抵达波士顿港，超过7 000名当地居民聚集在码头，不准其卸货，并要求其立即离开港口。忠于英国政府的海关收税员拒绝当地居民的决定，货船得以靠岸。当晚，大约200名当地居民装扮成美洲印第安人模样，突然登上这三艘船并将茶叶等货物全部倾倒在港口。这就是著名的“波士顿倾茶事件”。这种茶税是压垮北美殖民地人民的最后一根稻草，他们坚信茶税侵犯了他们作为英国臣民“无代表不纳税”的权利。所谓的“无代表不纳税”，指的是美洲人民（来自英国的美洲殖民者们）坚信，在英国国会中没有自己的直接代表，就等于剥夺了他们作为英国公民的权利，而这是不合法的。因此，那些要求对殖民地人民征税的法律（可能直接影响到大众生活的法律），以及针对殖民地的其他法律，全都是违背宪法的。于是，“无代表不纳税”成为著名的口号。这一不满和随后的其他事件成为引发美国独立战争的导火索。

按照法律，美国的税收由联邦、州和地方政府分别征收。州和地方政府需要通过税收来支付警察、消防员、学校、道路建设和其他地方性服务。其税种主要包括针对住宅和商铺的不动产税以及消费者购物时产生的销售税。大多数州还为其居民设定了收入所得税。

联邦政府要收取的税费则更多，以支持其 3.5 万亿美元的巨额年度预算（以 2014 年为例）。大部分预算用于以下领域：

- 国防和国际安全援助：18%；
- 社会保障：24%；
- 医疗保险、医疗补助、儿童健康保险计划和市场补贴：24%；
- 安全网计划：11%；
- 政府债务利息：7%；
- 联邦退休人员和退伍军人福利：8%；
- 交通基础设施：3%；
- 教育：2%；
- 科学和医学研究：2%；
- 不安全的国际问题：1%。

主要问题是如何制定针对各种不同收入群体的公平的所得税政策。 199

那么穷人、工人阶级、中产阶级、富人和超级富豪分别应该按什么税率纳税？穷人一般不纳税，工人阶级的税率很低。如今，富人和超级富豪的最高边际税率为 39.4%（此外还有 4%的临时增加额度）。在艾森豪威尔总统执政期间，最高税率为 90%，而在肯尼迪总统执政期间，最高税率降至 70%。问题在于，是否应该提高超级富豪的税率，比如提高到 50%或 60%。

共和党人总是赞成降低所得税税率和所有税收，而不是提高税率。他们认为针对富人的边际税率太高。相反，民主党人则认为针对富人必须提高税收，而对工人阶级和中产阶级来说税收应该降低。此外，民主党人还倾向于增加对富人的遗产税，以缩小贫富差距，同时避免形成所谓的“富豪政体”。

以下是关于税收政策可能的替代方案：

- 保持当前税收体制不变。
- 针对所有人一视同仁地减税，实施单一税率征税（如税率都设为 20%）。这得到了共和党人的高度支持，但它将削减各类社会保障项目的开支。
- 针对富人的边际税率从 39.4%提高到 50%～60%。这得到了民主党人的高度支持。
- 降低中产阶级所得税税率，提升富人的所得税税率。
- 对已婚夫妇给予 1 000 万美元的遗产税免税额度，扣除 1 000 万美元以外的逐步提高税率。

结论

世界上许多人非常羡慕美国的民主模式。乔治·华盛顿、本杰明·富兰克林、托马斯·杰斐逊、约翰·亚当斯、亚历山大·汉密尔顿等美国国父和民主倡导者的故事，赢得了全世界的钦佩和尊敬。人们似乎在美国政治发展历程中看到了一种活力、一种创造力、一种对个人和人权的尊重、一种解决问题和发现新问题的能力。

然而，现在有一些力量和事态发展正在考验美国民主的韧性。美国创造了巨大的财富，但这些财富还没有被足够多的美国人所共享。美国公民们在质疑，到底是他们在管理国家，还是那些仅有的“1%” 200
的人在管理国家。美国的政客们需要大量的经费来参加竞选活动，以至于他们不得不受制于富有的公司和个人的利益，并为它们服务。由于政治极化产生的僵局、不公正的选区划分和过度的游说，这个国家的活力正在逐渐衰退。民主共和两党现在也吸纳了不少极端成分，而这些成分对所谓的合作和妥协则完全没有兴趣。

在本书的最后一章，笔者描述了美国政治中大量尚待解决的重大经济、政治和社会问题。解决之道有很多，政治对手之间的任何正常对话和沟通都可以使问题得到不同程度的解决。这些解决方案将使数以百万计的公民受益，并使民主制度保持活力。

这些解决方案不仅有利于美国公民，也为世界其他民主国家提供了灵感。民主包含自我纠正过程，只要保证公民的广泛参与，倾听公民的声音和尊重公民的权利，这一纠正过程就能实现。不过说来说去，民主只是一种政治制度，它有望在一个多元化的世界中实现自由、平等和同理心的动态平衡。

注释

［1］https://en.wikipedia.org/wiki/Roe_v._Wade（作者于 2016 年 3 月 3 日登录访问）。

索 引

Democracy in Decline：Rebuilding Its Future by Philip Kotler

图书在版编目（CIP）数据

美国民主的衰落／（美）菲利普·科特勒（Philip Kotler）著；夏璐，高蕾译. --北京：中国人民大学出版社，2023.7

（人文社科悦读坊）

ISBN 978-7-300-31599-7

Ⅰ.①美… Ⅱ.①菲…②夏…③高… Ⅲ.①民主-研究-美国 Ⅳ.①D771.221

中国国家版本馆 CIP 数据核字（2023）第 061934 号

人文社科悦读坊

美国民主的衰落

［美］菲利普·科特勒（Philip Kotler） 著

夏 璐 高 蕾 译

Meiguo Minzhu de Shuailuo

出版发行	中国人民大学出版社		
社　　址	北京中关村大街 31 号	**邮政编码**	100080
电　　话	010－62511242（总编室）		010－62511770（质管部）
	010－82501766（邮购部）		010－62514148（门市部）
	010－62515195（发行公司）		010－62515275（盗版举报）
网　　址	http://www.crup.com.cn		
经　　销	新华书店		
印　　刷	北京联兴盛业印刷股份有限公司		
开　　本	890 mm×1240 mm　1/32	**版　　次**	2023 年 7 月第 1 版
印　　张	8.625 插页 3	**印　　次**	2023 年 7 月第 1 次印刷
字　　数	202 000	**定　　价**	68.00 元